中国地质大学(武汉)实验教材项目资助(SJC-202203)
户外运动专业教学训练系列教程

户外运动生理学实验教程

HUWAI YUNDONG SHENGLIXUE SHIYAN JIAOCHENG

主　编：刘仁仪
副主编：周子钰　胡明艳　叶俊杰
编　委：毛海峰　叶　星　李　芳
　　　　孙子林　黄迪翀

中国地质大学出版社
ZHONGGUO DIZHI DAXUE CHUBANSHE

图书在版编目(CIP)数据

户外运动生理学实验教程/刘仁仪主编. —武汉:中国地质大学出版社,2023.12
ISBN 978-7-5625-5755-5

Ⅰ.①户… Ⅱ.①刘… Ⅲ.①野外-运动生理学-教材 Ⅳ.①G804.2

中国国家版本馆 CIP 数据核字(2023)第 256893 号

户外运动生理学实验教程		刘仁仪 主 编
	周子钰 胡明艳 叶俊杰	副主编

责任编辑:李焕杰	选题策划:李焕杰	责任校对:张咏梅

出版发行:中国地质大学出版社(武汉市洪山区鲁磨路388号)	邮政编码:430074
电 话:(027)67883511 传 真:(027)67883580	E-mail:cbb@cug.edu.cn
经 销:全国新华书店	http://cugp.cug.edu.cn
开本:787毫米×960毫米 1/16	字数:171千字 印张:9.5
版次:2023年12月第1版	印次:2023年12月第1次印刷
印刷:湖北睿智印务有限公司	
ISBN 978-7-5625-5755-5	定价:28.00元

如有印装质量问题请与印刷厂联系调换

户外运动专业教学训练系列教程

编委会

主 任 委 员： 王焰新　李致新

副主任委员： 赖旭龙　王勇峰　吕万刚　张志坚
　　　　　　　周建伟　董　范　庞　岚

委　　　员： 次　落　毕克成　冯　岩　牛小洪
　　　　　　　刘华荣　黄　静　李　伦　代新华
　　　　　　　刘良辉　董　利　李　元　黄江华
　　　　　　　陈　刚　杨　华　邓焰峰　马欣祥
　　　　　　　罗　申　游茂林　刘仁仪

总序一

户外运动教学是以户外运动项目群所共有的基本知识、技术、技能为主要教学内容,以培养学生参与户外运动及相关竞赛所需的身体素质、心理品质和适应能力为主要教学目的,帮助学生形成完美人格、全面提高综合素质的系列体育课程,对促进学生成长成才具有健全独特的、不可替代的重要作用。

户外运动专业教学训练系列教材付梓出版,我由衷地感到高兴。这是近几十年来,我校体育教师科研团队在董范教授的带领下,在特色体育教育教学领域中取得的最新科学研究成果。这一系列教材的出版,将有助于更多有志于从事户外运动的人士分享我校特色体育教学和科研成果,促进户外运动教学培训进一步规范、高效发展。

自建校以来,我校就以特色体育为方向,充分发挥学科专业优势,不断拓展体育教育的内容和途径。2012年5月19日8时16分,我校大学生登山队成功地从北坡登上海拔8 844.43m的珠穆朗玛峰顶峰,成为登上世界最高峰的首支中国大学生登山队,其中,我校2011级户外运动专业硕士研究生陈晨成为全国第一位登顶珠峰的在校女大学生。当晚,校友、时任国务院总理温家宝向学校表示热烈祝贺,并指出:"这给我们一个重要的启示,那就是只要不畏艰苦和挫折,就一定能够达到光辉的顶点,这应该是我们的传统。"2013年5月4日,在"实现中国梦、青春勇担当"主题团日座谈会上,陈晨同学作为全国大学生代表,畅谈了她登顶珠峰的体会,受到习近平总书记的勉励和肯定。2012年9月,我校承办了中国登山协会主办的"中日韩三国大学生登山交流活动",在亚洲户外运动界产生了巨大的反响,进一步提高了我校户外运动的国际影响力。

从20世纪80年代开始,我校就把登山训练引入课堂教学,把登山的基本技术——攀岩,确定为学校体育必修课教学项目;20世纪90年代中期,我校又在国内首创了集体育学、地理学、管理学、气象学、医学等学科为一体的野外生存体验课,引入了智力与体力相结合的体育项目——定向越野。随后,我校又率先在国内开设了"户外运动"普修课。2005年我校开始招收全国第一届社会体育指导与管理(户外运动方向)专业本科生,由此而成为了全国高校户外运动课程和登山户外运动专门人才的"发源地"。经过我校体育教师多年的教学实践、研究与积累,户外运动的教学内容、方法、手段以及组织形式不断完善,逐渐形成了一整套较科学系统的"课内课外相结合"的教学模式和较全面的教学内容体系,得到了社会的广泛认同。2012年我校体育课部董范教授主持申报,杨汉、刘华荣、牛小洪、冯岩等骨干教师参与的"坚持特色教育,培养拔尖人才——创建登山户外运动教育教学体系的理论与实践"项目荣获湖北省教学成果二等奖。60多年来,我校先后有1万多名学生接受了各类登山户外运动训练,向国家登山队、攀岩队输送了多名高水平专业运动员,王富洲、李致新、王勇峰、次落就是其中的杰出代表。

户外运动的发展急需完善的人才培养体系提供理论支撑。面对社会的迫切需求,我校体育教师结合多年来开展户外运动教学的经验和科研积累,编写了一套面向户外运动相关专业的应用型教材。本系列教材内容丰富而系统,涉及户外运动教学的各个方面,具有如下鲜明的教学与实践特征:

(1)体系完整。本系列教材系统地总结了我校长期开展户外运动教学与实践积累的经验,吸收了近些年开展户外运动教学、实践与科研取得的最新成果,深入剖析了各户外运动项目之间的关系,并进行了有机组合,整个结构体系十分完整。

(2)内容丰富。本系列教材涵盖户外运动下辖的登山、攀岩、野外生存、定向越野、拓展训练等项目课程,内容涉及户外运动教学、训练、活动与赛事组织、营销等各个方面,教材中的很多内容都是我校优秀体育教师对多年教学、训练、实践成果的经验总结,具有较高的借鉴价值。

(3)注重实践。本系列教材在阐述基本理论的基础上,特别注重学生实践技术与技能的培养和锻炼,力求做到不断强化学生的思维能力、动手能力以及创造性解决问题的能力,促进学生理论知识水平和实践操作能力的全面提高,教学实践操作性强。

对从事户外运动的师生,本系列教材具有重要的学习指导价值。希望本系列教材的编写能够成为我国更多高水平、高质量的户外运动教材或专业书出版的起点,能吸引更多专业人士参与户外运动的科学研究,为促进我国户外运动事业科学、健康、快速发展做出更大的贡献!

中国地质大学(武汉)校长

总序二

欣闻中国地质大学(武汉)编写出版户外运动系列配套教材,谨致热烈祝贺。

户外运动是一项新兴的体育运动,是人们休闲娱乐的重要方式。随着我国经济社会的发展,特别是人民生活水平的提高,人们对高质量、有品味、有个性的生活和休闲娱乐方式越来越看重,并一直在努力追寻。户外运动作为一种愉悦身心、锻炼自我、亲近自然的生活方式受到广大群众的青睐。此项运动在全国发展十分迅猛,已逐渐形成了装备制造与销售、竞赛表演、培训服务等市场,有效刺激了户外运动装备、户外运动服务、户外运动赛事,甚至是旅游等相关产业的发展。户外运动已成为全民健身运动的重要组成部分和经济社会协调发展的重要促进力量,很好地推动了资源节约型和环境友好型社会的建设,传达了积极健康的生活方式和文明行为观念,为增进人与自然的协调发展和社会的和谐做出了积极的贡献。

促进户外运动健康有序地发展,是全社会非常关注的事情。中国地质大学(武汉)作为以地球科学为主要特色的重点大学,为我国的登山和户外运动发展做出了卓越的贡献,积累了丰富的成功经验。学校深知该项运动发展离不开高素质专业人才的培育,非常注重规范科学的教材建设,努力改变当前教材和教育教学与蓬勃开展的户外运动不相适应的状况。多年来,学校一直在酝酿编写户外运动规范教材,总结户外运动实践经验,不断提高户外运动教育教学的针对性和有效性。经过多方面的努力,终于达到编写此套教材的目标。作者在教材的编写过程中,做到体育理论和运动实践的统一、人体运动科学和社会哲学的统一、理念战略和技术方法的统一,全方位、多层次、有重点地展示了户外运动的全貌,有利于广大读者和户外运动爱好者全面系统地掌握户外运动的基本内涵、重大意义、发展趋势、技术要领等知识和技能,从而推动户外运动健康有序地发展。

可以说本套图书既可以作为开展户外运动教育的教材,也是广大运动爱好者的理想读物;既有较强的针对性和时效性,又有严谨的科学性和较强的趣味性。

于天地间浮游、幕天席地是古人笃定的最为旷达的生活方式。"天地与我并生,而万物与我为一。"处在现代化和都市化进程中的人们,在繁缛的生活中向往着奔赴自然。户外运动成为人们锻炼身体、亲近自然、回归自我、愉悦身心的重要方式。而教材的编写和出版发行,必将更好地推动该项运动的科学开展及其理念的普及,推进其大众化、规范化、科学化、系统化。

最后,衷心希望本套教材对户外运动及其教学发挥重要的作用,也希望本套教材不断完善,臻于完美,为我国户外运动的科学发展做出积极的贡献。

国家体育总局登山运动管理中心主任
中国登山协会常务副主席

前言

本书是"户外运动生理学"课程的实验配套教材,编者经过精心筛选和设计,突出展现了科学性与思想性、基础性与适用性、实用性和可操作性的结合。本书致力于培养学生的实验技能、观察能力、动手能力和创新能力,让他们通过学习掌握实验的基本方法和技能,提高观察、记录和分析实验数据的能力,培养他们的科学态度和实验精神。

与同类读物相比,本书具有以下突出特点:

内容全面:本书涵盖了户外运动生理学的基础实验方法,从基础知识到实践操作都有详尽的介绍,可以满足读者对该领域知识的全面需求。

实用性强:本书不仅详细介绍了户外运动生理学的基本理论,还针对各项实验提供了具体的操作流程和注意事项,为读者提供了实用的实验指导,有助于读者更好地理解和应用所学知识。

针对性强:针对户外运动的特点,本书专门选取了一些典型的户外运动实验,并进行详细的解析和指导,为户外运动爱好者提供了有针对性的学习资源。

语言简明:本书采用简洁明了的语言风格,让读者容易理解和学习。同时,书中还配以图表,帮助读者更加直观地理解户外运动生理学的知识。

参考价值高:本书不仅适用于户外运动爱好者,也适用于专业运动员和教练员。对于想要了解户外运动生理学知识的读者来说,本书具有一定的参考价值。无论是初学者还是专业人士,都能从本书中获得有价值的启示和指导。

本书的编写得到了武汉大学人民医院叶俊杰医生的指导,主编在此表示感谢。

限于编者水平,书中可能还存在一些错误或不妥之处,恳请广大读者批评指正。

刘仁仪

2023 年 9 月 1 日

目录

第一章　户外运动生理学实验基础 ……………………………………………… (1)
　第一节　户外运动生理学实验的目的和要求 ……………………………… (1)
　第二节　常用的动物手术器械介绍 ………………………………………… (4)
　第三节　动物手术器械使用安全规范及其清洁、保养和消毒灭菌方案 … (8)
　第四节　常用动物手术器械使用方法 ……………………………………… (11)
　第五节　常用实验动物 ……………………………………………………… (18)
　第六节　常用生理溶液及实验药品剂量的确定 …………………………… (25)
　第七节　户外运动生理学实验基本操作技术 ……………………………… (28)
　第八节　实验设计 …………………………………………………………… (38)
　第九节　实验资料的处理分析 ……………………………………………… (41)

第二章　户外运动生理学实验项目 ……………………………………………… (46)
　实验一　肌肉生理横断面大小对肌肉收缩力量的影响 …………………… (46)
　实验二　后负荷对肌肉收缩张力、收缩速度和输出功率的影响 ………… (49)
　实验三　ABO 血型的鉴定 ………………………………………………… (52)
　实验四　正常人体心音听诊 ………………………………………………… (54)
　实验五　人体心电图描记 …………………………………………………… (58)
　实验六　人体动脉血压的测定 ……………………………………………… (63)
　实验七　肺功能的测定 ……………………………………………………… (68)
　实验八　呼吸音的听诊 ……………………………………………………… (72)
　实验九　基础代谢的测定 …………………………………………………… (75)
　实验十　体温的测量 ………………………………………………………… (78)
　实验十一　视敏度测定 ……………………………………………………… (80)
　实验十二　视野测定 ………………………………………………………… (82)
　实验十三　色觉检查 ………………………………………………………… (84)

实验十四　跟腱反射与膝跳反射 ………………………………………(85)
实验十五　前庭功能检测 …………………………………………………(87)
实验十六　本体感觉功能的测定 …………………………………………(90)
实验十七　人体反应时的测定 ……………………………………………(93)
实验十八　户外环境气象条件的测定 ……………………………………(95)
实验十九　环境中可吸入颗粒物监测 ……………………………………(104)
实验二十　急性低氧对人脑、体功能的影响 ……………………………(107)
实验二十一　低氧环境对氧运输系统和运动能力的影响 ………………(118)
实验二十二　高温条件下运动生理反应的检查 …………………………(120)
实验二十三　儿童少年生长发育的调查与评价 …………………………(122)
主要参考文献 …………………………………………………………………(136)

第一章 户外运动生理学实验基础

户外运动生理学是生理学的一个分支,也是一门实验科学。从生理学发展的历史来看,许多生理学家都通过科学实验研究在生理学理论发展上做出了重要的贡献,可以说科学实验是生理学的核心和发展动力。因此,在生理学教学活动中,除了传授生理学理论知识外,生理学实验课也是不可或缺的重要组成部分。

第一节 户外运动生理学实验的目的和要求

一、户外运动生理学实验的目的

户外运动生理学是户外运动专业中的重要基础课程,而户外运动生理学实验则是体育生最早接触科学实验的课程之一。通过户外运动生理学实验课程的教学,学生可以获得多方面的训练和培养,从而得到综合素质的全面提高。这门课程不仅可以帮助学生理解户外运动对人体的影响,还可以培养学生的实验观察能力、逻辑思维能力和科学研究能力。通过实际操作和实验数据的分析,学生能够更深入地了解机体在户外环境下的变化和适应机制。因此,户外运动生理学实验课程具有重要的教育价值和实践意义,对学生的专业发展和综合素质提高具有积极的影响。

1. 提高理论联系实际的能力

户外运动生理学实验项目均依据户外运动生理学的基本理论而设置。学生通过户外运动生理学实验的具体实践,可对一些基本的户外运动生理学理论进行验证,借此提高理论联系实际的能力。

2. 培养科学素质

通过对学生严格的要求和引导,培养学生独立思考的能力、敢于创新的精神,有助于提高学生分析问题和解决问题的能力,有助于培养学生科学的思维方法和严谨求实的科学工作态度。

3. 初步培养科学研究能力

户外运动生理学实验课程将对学生进行一系列科学研究的初步训练和培养,其中包括实验仪器设备和手术器械的使用,动物实验的具体操作和观察,实验结果的总结(整理、归纳和统计)和分析,实验报告和实验论文的撰写等,可提高学生有关运动生理学实验的基本技能水平。此外,学生通过生理学实验课程的学习,可初步掌握和熟悉常用实验仪器的使用方法、基本的实验技能,为后续课程的学习,乃至未来的户外运动科学研究工作奠定良好的基础。

二、户外运动生理学实验的要求

为达到实验的目的,获得户外运动生理学实验教学的预期效果,对学生提出如下具体要求。

1. 实验前

首先,需要系统地复习本次实验项目所涉及的相关理论知识。同时,认真阅读户外运动生理学实验指导手册,以便熟悉实验的目的、原理、实验用品与仪器设备,以及实验方法与过程。在阅读实验指导手册时,特别需要关注其中的注意事项,因为这些注意事项通常是涉及实验成败的关键条件及可能产生影响的因素。

2. 实验中

1)自觉遵守实验室的规章制度

严格遵守实验室的各项规章制度,确保实验环境的整洁和安静。保持严肃认真的态度,避免大声喧哗和嬉笑。听从实验教师的指导,在进行实验过程中不做与实验无关的活动。未经教师允许,不随意触摸实验室内的仪器设备,尤其是电器设备、玻璃器皿和手术器械等,以确保实验的安全进行。

2) 认真听取实验教师的讲解并仔细观察其示范操作

在实验前,应提前预习实验内容,并在此基础上,带着问题去听取实验教师的介绍。在实验教师进行操作的演示过程中,应仔细观察,并努力从中获取感性认识。

3) 严格按照实验指导中的实验程序和具体要求进行实验

实验指导中所规定的实验步骤和操作要求是前人总结的经验,在进行实验时应严格按照这些要求去执行。这样既可以确保实验的顺利进行,又有利于学习规范的操作技巧和实验方法。具体需要做到如下几点。

(1) 及时记录实验结果:在实验过程中,必须随时记录每一个实验现象、变化和结果,因为它们都具有时效性。为了避免事后追忆和追记,需要做好时间标记,并养成及时记录实验结果的良好习惯。这种实事求是的科学作风是基础训练的一部分。通过准确记录实验结果,可以更好地分析和理解实验数据,从而进一步推进科学研究的进展。

(2) 积极参与实验、发扬团结协作精神:要珍惜实验动手操作的机会,不要做一位旁观者。在进行大型实验时,应该展现团队的力量。团队成员应该分工明确,各尽其责,并且互相帮助,以确保实验能够有序进行。这种团队精神是非常重要的,它能够促进实验的顺利进行。

(3) 爱护实验动物和实验用品:在进行实验设计时,应该遵循"3R"[减少(reduction)、优化(refinement)、替代(replacement)]原则,以减少对动物的伤害。应该善待实验动物,对它们有感激之情。在进行动物实验时,必须注意避免过度粗暴的手术动作,否则可能会损伤动物的血管和重要组织,导致实验失败。因此,应该采取轻柔的手法,并且遵守正确的操作规程。同样重要的是,必须正确使用手术器械,并养成良好的习惯,确保动作规范和手法轻巧。

3. 实验后

1) 整理与清洁工作

实验结束后,首先,对实验仪器设备进行检查,并将其恢复到原始状态。其次,需要清洗和擦拭手术器械和玻璃器皿,确保它们的卫生和干净。最后,对实验台和周围环境进行擦拭和清扫,保持整个实验区域的整洁和干净。这些步骤是必要的,以确保实验环境的卫生和安全,并为下一次实验做好准备。通过仔细完成这些工作,能够养成良好的实验室管理和规范操作的习惯。

2)实验动物处置

在急性实验结束后,需要对实验动物进行安全处理。这包括将动物处死,并按照相关规定将其送往指定场所。在这个指定场所,动物将在严格的环境下得到集中消毒和焚烧处理。这些步骤是为了确保实验动物的安全处理,防止任何潜在的感染和传播。通过遵循这些规定,不仅能够保护实验人员及其他可能与实验动物接触的人们的健康,而且可以保证实验环境的安全。

3)整理数据和资料

在实验结束后,需要对所收集的数据资料进行归纳和初步分析。通过这一步骤,能够获得实验结果的总体概述和趋势。同时,也应该密切关注那些难以解释的"非预期结果"。为解决这些问题,可以进行小组讨论,以找出可能的原因。这样的讨论不仅能提供不同的视角和观点,还能激发创新思维,帮助学生更好地理解实验结果。通过这样的操作,可以更好地改进和优化实验设计,增强实验的可靠性。

4)撰写实验报告或实验论文

实验完成后,应及时撰写实验报告或实验论文,并按时提交给实验教师进行评阅。这份报告或论文应该包含实验的目的、方法、结果和讨论等内容,以详细记录、总结实验过程和结果。在撰写报告时,应该用准确、清晰的文字表达,用科学的语言、术语来描述实验细节和结果。此外,报告或论文的结构应合理、逻辑严谨,以使读者能清晰地理解实验。最后,还需要仔细检查报告或论文,确保没有文字、语法或格式错误,并在规定的截止日期前提交给实验教师。

第二节 常用的动物手术器械介绍

目前,在运动人体科学领域的研究中,大量的动物实验被广泛应用,这就需要对动物进行手术操作。对于研究人员来说,正确识别、运用各种手术器械既关系到他们操作能力的培养和实验的成败,也为今后顺利进行动物外科手术提供了基础。现简要介绍常用的手术器械种类及其使用方法。

一、剪刀

(1) 手术剪:是主要用于剪断皮肤或肌肉等粗软组织(如肌膜、浅筋膜、神经和血管等)的一种临床手术常用医疗器械(图1-2-1),也可用来分离组织,即利用剪刀的尖端插入组织间隙,分离无大血管的结缔组织等。根据手术剪结构特点,有尖、钝、直、弯、长、短等类型。根据手术剪用途分为组织剪、线剪。组织剪多为弯剪,锐利而精细,主要用来解剖、剪断或分离剪开组织。通常浅部手术操作用直剪,深部手术操作用弯剪。线剪多为直剪,又分为剪线剪及拆线剪,前者用来剪断缝线、敷料、引流管等,后者用于拆除缝线。组织剪与线剪的区别在于组织剪的刃锐薄,线剪的刃较钝厚。所以,决不能图方便、贪快,以组织剪代替线剪,以致损坏刀刃,造成浪费。拆线剪是一页钝凹、一页直尖的直剪,用于拆除缝线。

图 1-2-1　手术剪示例

(2) 眼科剪:多用于剪较小范围内的神经和血管等软组织,禁止剪线、毛发及坚韧的结构组织。

(3) 粗剪刀(普通剪刀):可用于剪皮肤,蛙类骨骼与肢体等较坚韧的结构组织,或在实验中作杂用。

二、手术刀

手术刀(图1-2-2)指由刀片和刀柄组成,用于切割人体或动物体组织的特制刀具,是外科手术中不可缺少的重要手术工具。生理学实验中,手术刀用于切开皮肤、骨膜和器官等。使用时,可根据操作的要求,选用适当的执刀手法。

三、止血钳

止血钳(图1-2-3)是一种通过夹住血管实现血液阻断的外科手术器械。止血钳的使用原理是和夹子一样夹住血管或是皮毛等。止血钳有直形、弯形之分。止血钳手柄旁边的齿有助于止血钳在夹持物体时固定,防止脱落。

 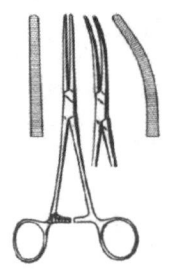

图 1-2-2　手术刀示例　　　　图 1-2-3　止血钳示意图

四、手术镊

手术镊(图 1-2-4)用于在外科手术中握取、固定和操作组织、器官、血管、血管夹、碎骨等。手术镊的设计结构和功能各异,可以根据不同的手术需求选择适合的类型。手术镊的常见类型包括直镊、弯镊、细长镊等。直镊一般用于显露手术区域或握取较大的组织块;弯镊常用于手术部位比较狭窄或难以触及的区域;细长镊用于需要插入细小孔道或血管内进行操作的场合。手术镊的尖端通常呈锁骨状,以提供更好的抓握力。某些手术镊的尖端还可能具有牙齿状纹理,以增加抓取物体的稳定性。手术镊的手柄部分可以是直柄状或弯曲形状,以适应手术区域的特殊需求,如手术镊的弯折设计有利于灵活地操作狭窄的手术部位。

五、持针器

持针器(图 1-2-5)是一种常用于外科手术中的器械,用于将针线牢固地固定在手术部位上。在手术中,持针器常用于拿取和操纵手术针,以完成缝合、缝合结扎、止血等操作。它可以确保医生在缝合过程中更好地控制针线,提高手术的准确性和有效性。

 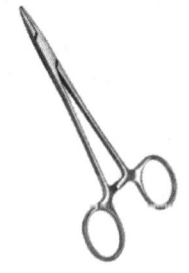

图 1-2-4 手术镊示例　　　　图 1-2-5 持针器示例

六、咬骨剪与咬骨钳

咬骨剪和咬骨钳(图 1-2-6)是两种在骨科手术中经常使用的工具,用于切断或夹取骨骼。

咬骨剪是一种手持工具,通常由两个锋利的切割刃组成,类似于剪刀的形状。咬骨剪可以用于切断不太硬的骨骼,并在手术中非常有用,特别是在关节置换手术和切除病变骨组织等手术中。咬骨剪的锋利刃能够有效地切割和修整骨骼,以达到手术的目的。

咬骨钳通常由两个臂板组成,主要用于夹持和固定骨骼,以便在手术中进行进一步操作。咬骨钳通常具有锯齿状的切割面,以确保在夹持骨骼时能提供良好的抓握力。咬骨钳可以用于夹住骨骼、提起骨骼、固定骨折或植入骨骼替代物。

图 1-2-6 咬骨剪(a)和咬骨钳(b)示例

七、颅骨钻

颅骨钻(图 1-2-7)是一种专为开颅手术设计的工具,主要用于在颅骨上钻孔。在神经外科、颅脑外科和其他相关领域的手术中,颅骨钻扮演着重要的角色。使用颅骨钻进行开颅手术时,需要根据手术的具体情况和需要,选择合适的钻头进行操作。这些钻头通常会有不同的形状和尺寸,以适应不同的手术要求。例如,平头钻头常用于钻取大的骨孔,而锥形钻头则常用于精确且细小的钻孔。

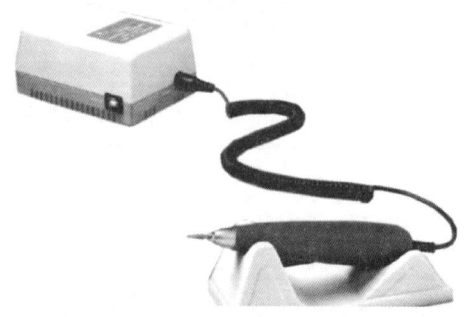

图 1-2-7　颅骨钻示例

第三节　动物手术器械使用安全规范及其清洁、保养和消毒灭菌方案

一、动物手术器械使用安全规范

操作人员在动物手术中和手术后清洗手术器械过程中,直接与各种器械进行接触,很容易受到锐器伤害,动物的血液、体液、分泌物等污染物易接触人体,因此有必要采取适当的防护。

1)眼睛的防护

适当佩戴防护眼镜、防护眼罩或防护面罩,以防止血液或清洗液飞溅,有效保护眼睛或面部皮肤免受感染伤害。

2)口腔和头部防护

佩戴帽子、口罩,且厚度不宜过薄、大小不宜过小,一旦工作中被血液溅污应立即更换。

3）躯干和下肢的防护

穿戴实验服、防护鞋，且最好具有隔水功效，实验服足够覆盖操作人员躯干前侧及双上臂，一旦破损或漏水则须立即更换。

4）手的防护

务必戴手套，以降低锐器穿孔刺伤皮肤的感染危险。若不慎被锐器致伤时，须保持镇静，迅速按常规脱去双手手套，随即侧手并从近心端向远心端挤压受伤部位，使部分血液排出，以相对减少受污染的程度，在反复挤压的同时，用流动的净水冲洗，再用碘酒、酒精消毒受伤部位。

二、动物手术器械的清洁

（1）动物手术结束后，先用多酶清洗剂浸泡5～10min后，使存留在器械表面和机械连接部位缝中的污物分解、软化，切忌直接浸泡在热水、酒精、消毒剂或防腐剂中，这样会使黏液、血液或其他体液发生凝固，影响下一步的清洗。

（2）用流动的蒸馏水（切忌用生理盐水）冲去肉眼可见的血污，冲洗过程中，需打开器械的各个关节，便于清洗彻底。

（3）若手术器械久置未用而生锈，可用毛刷蘸取专用除锈剂进行人工除锈处理，同样，刷洗过程中，应打开器械的各个关节，充分刷洗。

（4）冲洗或刷洗完毕后，将手术器械轴节完全打开，按种类摆放整齐，分别放入自动清洗机或超声清洗机的清洗筐内，自动清洗，清洗液内加入多酶清洗剂（温度通常控制在30～40℃之间）。

（5）清洗后，放于50℃左右烘箱或室温干燥，避免长时间与湿气或液体接触。

（6）干燥后，按器械种类有序放于手术器械盒中或用专用棉布包装起来。

特别注意：对于显微、精细手术器械或剪刀类器械，尽量不要用刷子刷洗，或使用过大的力或压力操作，这样可能会导致精细器械或刃口受到损坏，建议使用软棉布轻轻擦拭清洁；保存时，用橡胶套保护好器械尖端，并单独包装进行保存。

三、动物手术器械的保养

动物手术器械的性能直接关系到手术的成败或动物的健康，若长期搁置不进行保养,会缩短其使用寿命,因此定期对其保养是一件必不可少的工作,建议按以下步骤进行操作。

(1)擦拭表面灰尘。

(2)用除锈剂浸泡30min后,用蒸馏水(切忌用生理盐水)进行清洗。浸泡时需完全打开器械的关节部分。

(3)用柔软的吸水性毛巾或棉布擦干或放于50℃左右烘箱内烘干器械。

(4)干燥后,用石蜡油均匀擦拭。

(5)上述步骤操作完后,按器械种类有序放于手术器械盒中或用专用棉布包装起来。

四、动物手术器械的消毒灭菌

为了保证动物实验手术的安全,防止动物被感染,同时也为了保证实验操作人员的人身安全,每次使用手术器械前,必须进行消毒和灭菌。应该注意的是,在消毒和灭菌前,需对手术器械进行清洁,彻底去除器械上的血渍、油脂等污物,以免影响消毒灭菌效果。

1. 消毒

常用2‰戊二醛蒸馏水溶液浸泡10~30min进行消毒,也可以选用新洁尔灭溶液、70％酒精、巴氏消毒液等消毒剂。浸泡消毒前,需擦净器械上的油脂;要消毒的器械必须全部浸入溶液中;有轴节的器械(如剪刀),轴节应充分张开;进一步灭菌或使用前,需用灭菌盐水将药液冲洗干净,紧接着用无菌蒸馏水冲洗干净,以免动物组织受到药液的损害。

2. 灭菌

1)干热灭菌法

此方法为最佳灭菌方法,对器械损伤小,适用于金属、玻璃器械灭菌。具体方法一般是将待灭菌的器械物品包装后,放于电烘箱中烘烤,即加热至160~170℃(多至200℃)维持1~2h。特别注意的是,勿将器械摆放太密,以免妨碍空气流通;建议用金属灭菌盒或其他耐高温布料包装待灭菌器械,绝不能使用油纸、蜡纸、棉花等包装器械,容易被烤焦燃烧,发生危险。

2) 高压蒸汽灭菌法

此方法为实验室常见的手术器械灭菌方法,但对器械有一定程度的损伤,会缩短其使用寿命。具体方法一般是待灭菌的器械物品包装就绪,放于高压蒸汽锅内,当蒸气压力达到约 1.05kg/cm² 时,水蒸气的温度可升高到 121℃,维持 20～30min。特别提醒的是,注意灭菌锅内的水位,灭菌前水要加够,防止灭菌过程中干锅。

3) 煮沸消毒法

此方法应用较少,因其对手术器械损伤最大,会明显缩短手术器械的使用寿命,适用于金属器械、注射器、玻璃制品及橡胶类器械。具体方法是将包装好的器械放进煮沸的消毒器内,100℃煮沸 15～30min(杀死一般营养体)或 1～2h(杀死孢子或芽孢)。

第四节 常用动物手术器械使用方法

一、手术刀

手术刀正确的刀片装卸方法见图 1-4-1。4 种正确的执刀方式见图 1-4-2。

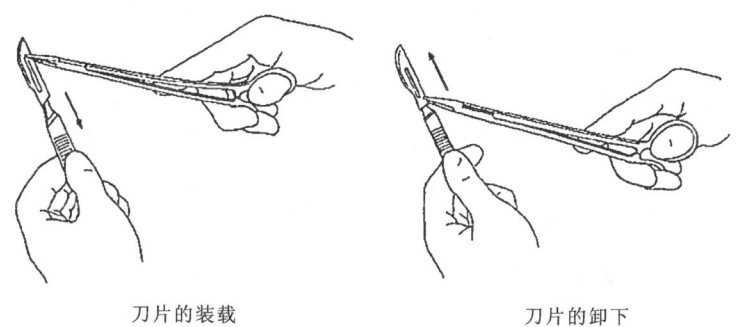

刀片的装载　　　　　　刀片的卸下

图 1-4-1　正确的刀片装卸方法

执弓式:最常用的一种执刀方式,动作范围广而灵活,用力涉及整个上肢,但主要在腕部。用于较长的皮肤切口或切开腹直肌前鞘等。

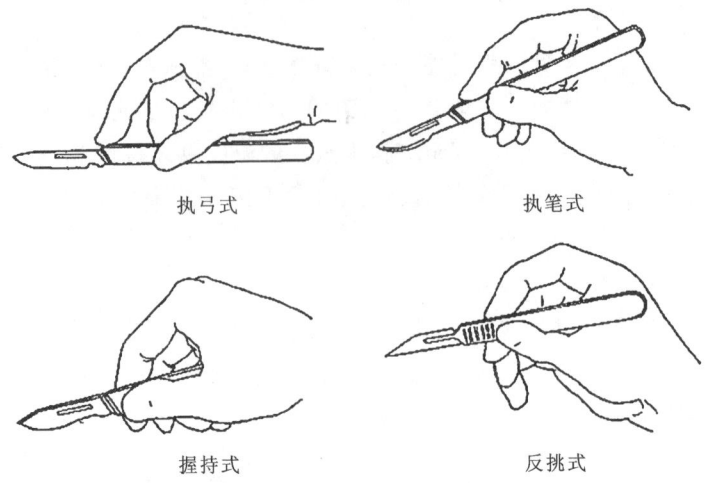

图 1-4-2　4 种正确的执刀方式

执笔式：用力轻柔，操作灵活准确，便于控制刀的动度，其动作和力量主要在手指。用于短小切口及精细手术，如解剖血管、神经及切开腹膜等。

握持式：全手握持刀柄，拇指与示指紧捏刀柄刻痕处；此法控刀比较稳定，操作的主要活动力点是肩关节。用于切割范围广、组织坚厚、用力较大的切开，如截肢、切开肌腱、较长的皮肤切口等。

反挑式：执笔式的一种转换形式，刀刃向上挑开，以免损伤深部组织；操作时先刺入，动点在手指。用于切开脓肿、血管、气管、胆总管或输尿管等空腔脏器，切断钳夹的组织或扩大皮肤切口等。

无论哪一种执刀法，都应以刀刃突出面与组织呈垂直方向，逐层切开，执刀过高控制不稳，过低又妨碍视线，因此要适中。错误的执刀方式示意见图 1-4-3。

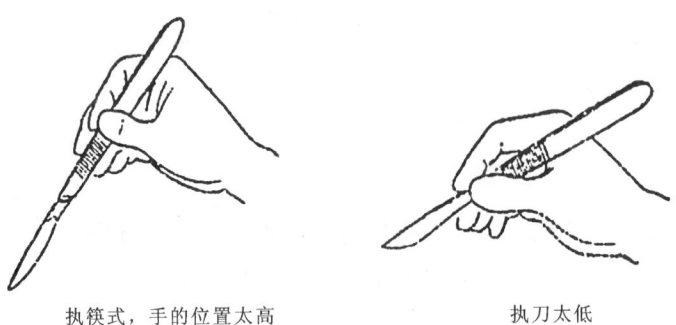

图 1-4-3　错误的执刀方式

传递手术刀时,传递者应握住刀柄与刀片衔接处的背部,将刀柄尾端送至术者的手里(图1-4-4);不可将刀刃指着术者传递,以免造成伤害。

图1-4-4　手术刀的传递

二、手术剪

正确的执剪方式示意见图1-4-5。错误的执剪方式示意见图1-4-6。

手术中,几种常见的剪法姿势见图1-4-7。

剪刀的传递:术者示指、中指伸直,并作内收、外展的"剪开"动作,其余手指屈曲对握(图1-4-8)。

三、止血钳

正确及错误的执钳姿势示意见图1-4-9。

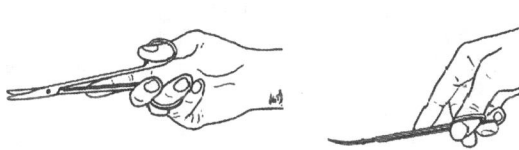

剪刀的弯头向里持握法　　　　剪刀的弯头向上持握法

图1-4-5　正确的执剪方式

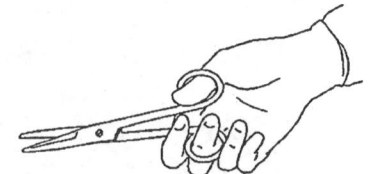

图 1-4-6　错误的执剪方式

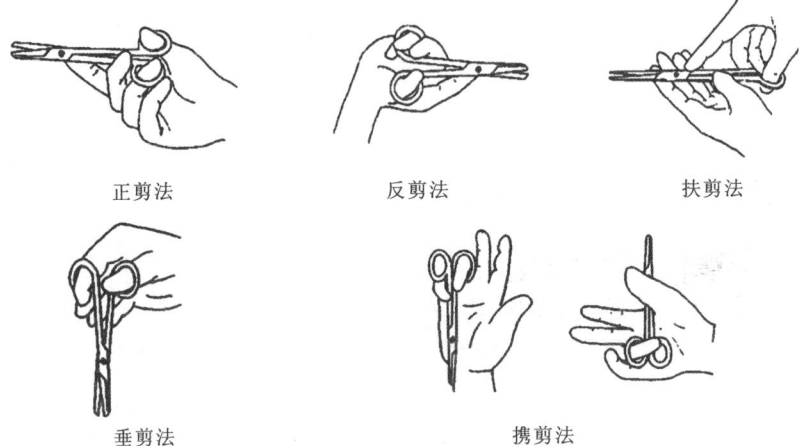

正剪法　　　　　　　反剪法　　　　　　　扶剪法

垂剪法　　　　　　　携剪法

图 1-4-7　几种常见的剪法姿势

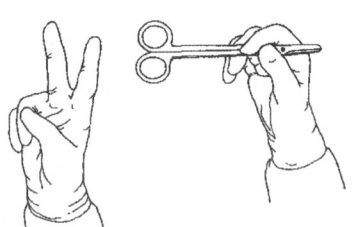

图 1-4-8　手术剪的传递

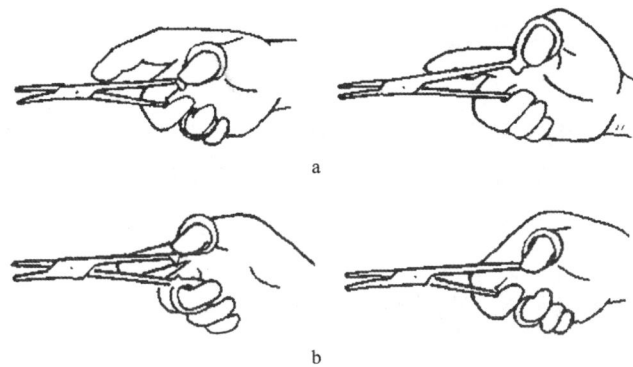

图 1-4-9　正确的执钳姿势(a)和错误的执钳姿势(b)

止血钳的正确执法：基本同手术剪，有时还可采用掌握法或执钳操作，应避免执钳方法错误。关闭止血钳时，两手动作相同，但在打开止血钳时，两手操作则不一致。打开时用拇指和示指持住止血钳一个环口，中指和无名指持住另一环口，将拇指和无名指轻轻用力对顶一下即可（图 1-4-10）。

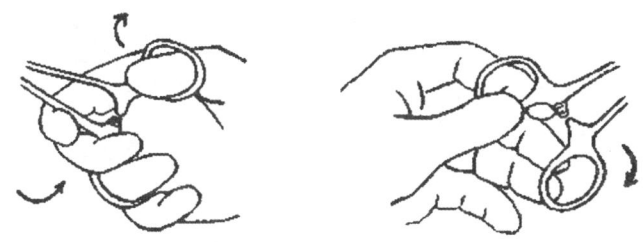

图 1-4-10　止血钳的打开

止血钳的传递：术者掌心向上，拇指外展，其余四指并拢伸直，传递者握止血钳前端，以柄环端轻敲术者手掌，传递至术者手中（图 1-4-11）。

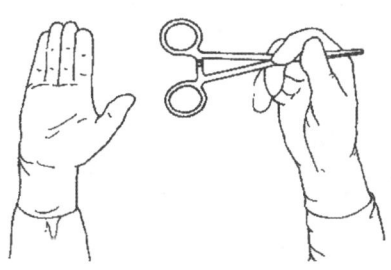

图 1-4-11　止血钳的传递

四、手术镊

手术镊的传递和正确的执镊姿势(图 1-4-12)是拇指正对示指与中指,把持二镊脚的中部,稳而适度地夹住组织;错误的执镊姿势(图 1-4-13)既影响操作的灵活性,又不易控制夹持力度大小。

图 1-4-12　手术镊的传递及正确的执镊方法

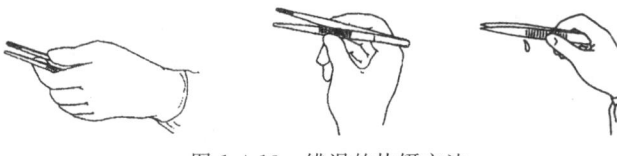

图 1-4-13　错误的执镊方法

五、持针器

持针器4种执握方法见图 1-4-14。

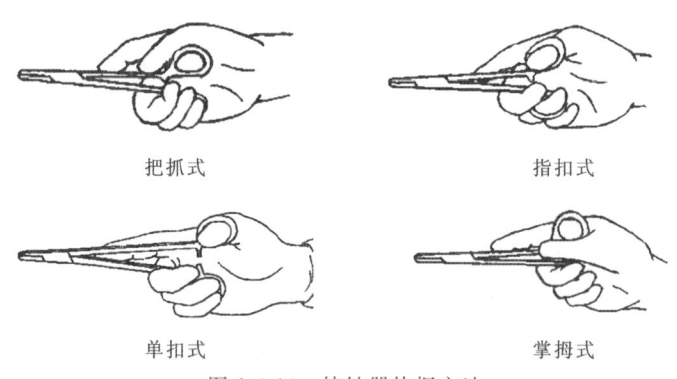

把抓式　　　　　　　　　指扣式

单扣式　　　　　　　　　掌拇式

图 1-4-14　持针器执握方法

把抓式：也叫掌握法，即用手掌握拿持针器，持针器环紧贴大鱼际肌上，拇指、中指、无名指及小指分别压在持针器柄上，示指压在持针器中部近轴节处。利用拇指及大鱼际肌和掌指关节活动维持、张开持针器柄环上的齿扣。

指扣式：为传统执法，用拇指、无名指套入持针器环内，以手指活动力量来控制持针器关闭，并控制其张开与合拢时的动作范围。

单扣式：也叫掌指法，拇指套入持针器环内，示指压在持针器的前半部作支撑引导，其余三指压持针器环固定手掌中，拇指可上下开闭活动，控制持针器的张开与合拢。

掌拇式：示指压在持针器的前半部，拇指及其余三指压住一柄环固定手掌中。此法关闭、打开持针器较容易，进针稳妥。

持针器传递时，传递者握住持针器中部，将柄端递给术者（图1-4-15）。

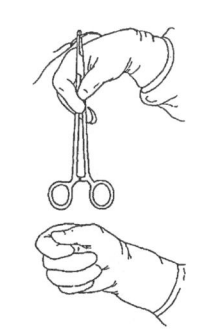

图 1-4-15　持针器的传递

六、缝针和剪线

一般持针器夹持缝针的方法见图 1-4-16。持针器打结的方法见图 1-4-17。

正确剪线方法是手术者结扎完毕后，将线提起略偏向术者左侧，助手将剪刀微张顺线滑至线结上缘，再向左偏 45°角将线剪断，所留线头一般在 1mm 左右（图 1-4-18）。如结扎大血管、肠系膜组织及深部出血区应适当将线尾留长些，一般 2～3mm，以防线结滑脱。

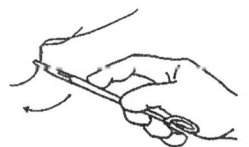

图 1-4-16　持针器夹持缝针的方法

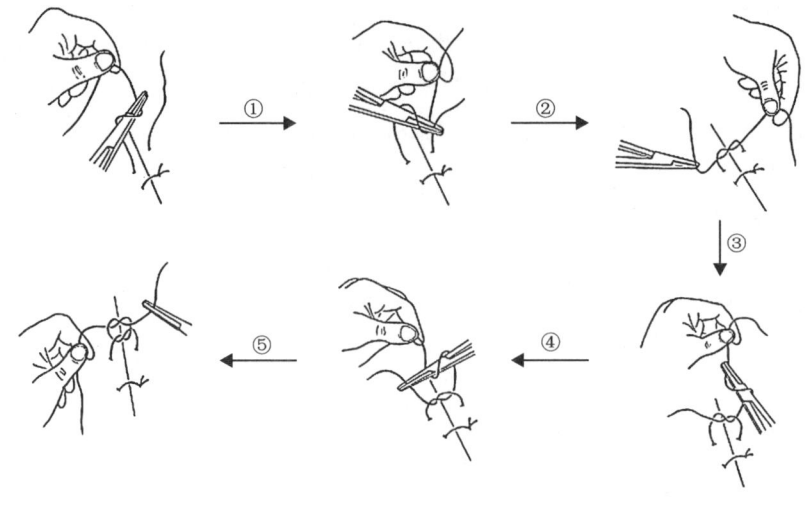

图 1-4-17　持针器打结的方法

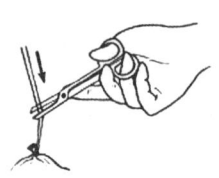 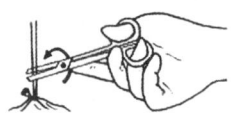 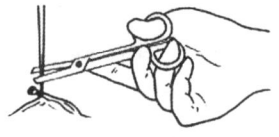

图 1-4-18　剪线的方法

第五节　常用实验动物

实验动物是指经过科学育种、人工繁殖和饲养，且遗传背景明确、品系清楚的动物。它们是用于生物医学的科研和教学的主要实验对象。

一、常用实验动物的选择

选用适宜的实验动物是进行科研和教学实验设计首先要考虑的问题。通过对实验的目的和要求、实验动物的解剖学与生理学特点等多方面因素综合分析，选择适宜的实验动物种类和品系。

1. 基本原则

1）相似性原则

利用动物实验的结果,分析、推断正常人体生命活动的规律和不同层次(整体、器官系统和细胞分子水平)功能活动的规律,是生理学的主要研究方法和途径。因此,须选择在器官结构、功能以及新陈代谢等方面与人体相似或非常相近的动物进行实验,即相似性原则。例如,豚鼠听觉特性和人的相近,因此听觉方面的生理学实验,通常采用豚鼠。

2）特殊性原则

由于某些实验动物体内的结构特殊、反应差异大,因此可根据实验的目的和要求,恰当地选择那些符合实验要求的具有特殊解剖和生理学特点的实验动物。如家兔颈部的交感神经、迷走神经和降压神经分别存在,独立走行,而一般其他动物的降压神经走行于迷走-交感干或迷走神经中,如果要观察降压神经对心血管的作用,应选择家兔。

3）标准化原则

为了保证动物实验结果的准确性和可重复性,应选择标准化动物。医学科研实验对实验动物标准化的要求极其严格,通常是根据动物的特点,结合实验的目的、内容和水平,决定选择动物的品系种类和微生物控制等级。标准化动物的培育成本比较高,而生理学教学实验着重于医学生的实验技能、技术和方法等学习过程的培养,使用动物的数量较多,因此从价格经济和来源来说,还是应选择饲养便宜、价格经济和容易获得的实验动物。

4）可靠性原则

生理学科研实验中的一个关键问题,就是怎样使动物实验的结果准确、可靠,从而精确判定实验结果,得出正确结论。因此,要尽量选用经遗传学、微生物学、营养学控制和培育的标准化实验动物,只有这样才能排除因实验动物携带细菌、病毒、寄生虫和患有潜在的疾病等对实验结果的影响。同时应排除因杂交所导致的实验动物在遗传上的不均质、个体差异大和反应不一致的现象,这样才能便于把所获得的研究成果在国内外学术刊物上发表或在国内外学术会议上进行交流。

动物生理学实验研究中一般应尽量不选用经随意交配的杂种动物或在开放条件下繁殖饲养的带细菌、病毒和寄生虫的普通动物。根据研究的目的和要求,应选择采用遗传学控制方法培育出来的纯系动物、突变系动物、封闭群动物和系统杂交动物，或采用微生物控制方法培育的无菌动物、已知菌动物、无特定病原体动物。近交系动物由于存在遗传的均质性、反应的一致性，以及实验结果精确可靠等优点而被广泛用于科学研究的各个领域。

5) 重复性原则

理想的动物实验应该是可重复和可标准化的。在设计时选用标准化实验动物是增强动物实验重复性的关键环节，同时应在标准化动物实验设施内完成动物实验的复制工作，并在许多因素上保证实验的一致性。如选用动物的品种、品系、年龄、性别、体重、健康状况、饲养管理；实验环境及条件、季节、昼夜节律、应激、消毒灭菌、实验方法及步骤；试剂和药品的生产厂家、批号、纯度、规格；给药的剂型、剂量、途径和方法；麻醉、镇静、镇痛及复苏；所使用仪器的型号、灵敏度、精确度、范围值；实验者操作技术、熟练程度等方面的因素。

6) 可控性原则

设计动物实验，应尽量控制其实验研究的进程，以便于开展研究工作。例如，大鼠和小鼠对革兰阴性细菌具有较高的抵抗力，不易形成腹膜炎，因而不应选其复制实验性腹膜炎动物模型。再例如，腹腔注射粪便滤液极易引起犬腹膜炎，犬在短时间大量死亡(80%的腹膜炎模型犬在24h内死亡)，因此，该模型不适宜用于实验治疗观察；此外，粪便滤液的剂量和细菌种类难以控制，该动物模型不易被准确地复制。

7) 规格化原则

规格化原则指选择与实验要求一致的动物规格。由于不同动物对外界刺激的反应存在个体差异，在选择时除了注意动物的种类及品系外，还应考虑到动物的年龄、体重、性别、生理及健康状况等指标也要符合规格，这是保证实验结果可靠性和可重复性的另一重要环节。

8) 经济性原则

经济性原则指尽量遵循方法易行和节约的原则。在选择实验动物时还必须考虑成本因素。在不影响整个实验质量的前提下，尽量做到方法简便和降低成本。这就涉及选用易于获得、最经济和易于饲养管理的实验动物。

很多小动物(如小鼠、大鼠、地鼠和豚鼠等)可以复制出近似于人类某些疾病的动物模型，且容易做到遗传背景明确、微生物等级可控、模型性状显著又稳定，其年龄、性别、体重等指标可任意选择，同时具有数量多、来源方便、价格低廉、便于饲养管理等特点。猴、狒狒、猩猩等灵长类动物进化程度高,与人类最接近,在许多疾病研究方面有着不可替代的优越性。但由于它们来源稀少,加之繁殖周期长,饲养管理困难,因此,不能得到普及使用。除非不得已或某些特殊的研究外,应尽量避免选择此类动物。在动物模型设计时,除了在动物选择上要考虑易行性和经济性原则外,在模型复制方法的选择和指标的检测观察上也要注意这一原则。

综上所述,在进行课题实验设计时,如何选择最合适的实验动物必须掌握好这些基本原则。在实际工作中首先必须了解实验动物生物学特性方面的基本知识,为正确选择合适的动物打下理论基础。其次,应充分查阅相关文献,利用前人的经验积累,选择在科研、检验和生产中传统使用的实验动物。同时,加强与实验动物科学工作者的交流,及时有效地利用实验动物学的最新成果,用较少的人力、动物和时间,以最小的代价最大程度地获得科学性强的实验结果。

2. 实验动物的规格

1)实验动物的年龄

实验动物的器官组织结构、功能和新陈代谢等方面,往往随年龄而变化。老年动物器官组织退化,功能减退,新陈代谢水平下降,兴奋性下降;幼龄动物的反应较成年动物灵敏;成年动物的反应较老年动物敏感,一般动物实验多选用成年动物。一般来说,实验动物的体重与年龄呈正比关系,故可用动物的体重来推断其年龄。

2)常用实验动物性别的辨识

(1)蛙和蟾蜍:雄性背部有光泽,前肢的大趾外侧有一直径约1mm的黑色突起,捏其背部时会叫,前肢多半呈曲环钩姿势;雌性无上述特点。

(2)小鼠和大鼠:性别的辨识要点有两种,即①雄鼠可见阴囊内睾丸下垂,尤以炎热天气较为明显,成熟雌鼠的腹部可见乳头;②雄鼠的尿道口与肛门距离较远,雌鼠则较靠近。

(3)豚鼠:与小鼠和大鼠性别的辨识基本相同。

(4)家兔:雄兔可见阴囊,两侧各有一个睾丸,用拇指和示指按压生殖器部位,雄兔可露出阴茎;雌兔的腹部可见乳头。

二、常用实验动物的种类及特点

为避免传染病的流行,必须对实验动物身上的微生物、寄生虫进行控制。根据《实验动物 微生物、寄生虫学等级及监测》(GB 14922—2022),实验动物按微生物、寄生虫等级分类包括普通级动物、无特定病原体级动物、无菌级动物。生理学实验中常用的实验动物有以下数种,其特点简介如下。

1. 蛙和蟾蜍

蛙和蟾蜍主要用于神经系统和心血管系统生理学实验。整体条件下,两栖类动物可用于神经反射、心脏起搏点分析、心肌动作电位描记和微循环观察等方面的实验。制备的蛙坐骨神经-腓肠肌标本被广泛用于外周神经、骨骼肌和神经-骨骼肌接头等方面的实验研究。但是,两栖类动物实验结果的意义和价值具有一定的局限性。

2. 小鼠

小鼠是医学实验中用途最广泛和最常用的哺乳类动物之一,特别是在药理学实验(如药物筛选、急性毒性实验)和免疫学实验(如抗肿瘤研究)中使用尤其广泛。在生理学教学实验中,小鼠可用于中枢神经、内分泌和新陈代谢等方面的实验,如小鼠一侧小脑损伤的实验观察、小鼠新陈代谢的实验观察等。小鼠品系较多,常用的是昆明小鼠。小鼠的基因表达与人的趋同性最高,甚至可达90%以上,使得小鼠的某些实验结果的意义和价值升高。

3. 大鼠

大鼠是医学中最常用的实验动物之一,经常使用的种类是SD大鼠和Wistar大鼠。大鼠经常用于心血管、神经、内分泌系统的实验。由于大鼠垂体-肾上腺系统很发达,垂体摘除比较容易,故经常用来进行垂体、肾上腺等神经-内分泌的研究;由于大鼠对新环境容易适应、有探索性、易训练、对惩罚和暗示敏感等特性,因此大鼠已被广泛用于行为学、学习与记忆等中枢神经高级功能活动的实验研究。

4. 豚鼠

豚鼠主要用于血清学和细菌学、免疫学等方面的实验。豚鼠血管反应敏感，切断迷走神经引起肺水肿的实验效果比其他动物明显。由于豚鼠的听觉灵敏，能识别多种不同的声音，而且听觉特性和人的相近，实验结果易于推导到人，因此听觉方面的实验主要采用豚鼠，如微音器电位的记录、复合听神经电位的记录、听区皮层诱发电位的记录等。

5. 家兔

家兔是医学实验中常用的动物之一，其中最常用的是中国白兔（白色毛、红眼、嘴较尖、耳短而厚）、青紫蓝兔（银灰色毛、抵抗力比白色毛兔强）和大耳白兔（日本大耳兔）。生理学教学实验常用的是中国白兔。家兔可用于心血管、呼吸、泌尿系统、神经系统等实验。例如，整体条件下，家兔动脉血压的调节、呼吸运动的调节、影响尿生成的因素、大脑皮层运动区的功能定位等实验。离体的家兔心脏在适宜的营养液中仍能搏动很长时间，因而便于进行长时间实验观察。

三、常用实验动物的主要生理参数

常用实验动物的主要生理参数见表 1-5-1～表 1-5-5。

表 1-5-1 常用实验动物的主要生理参数

动物种类	性别	心率（次/min）	测定时条件	测量方法	测量例数
小鼠	/	376±4.9	戊巴比妥钠麻醉	心电图测量	10
大鼠	雄	373±7.7	戊巴比妥钠麻醉	心电图测量	22
豚鼠	雄	252±12	笼中静止时	心电图测量	5
家兔	/	246	戊巴比妥钠麻醉	心电图测量	5

表 1-5-2　常用实验动物的动脉血压正常值

动物种类	性别	平均动脉压(mmHg)	测定时条件	测量方法	测量例数
犬	/	121＋19	经过训练、清醒	心电图测量	20
小鼠	/	99.0＋2.0	乙醚麻醉	尾部间接测压	40
大鼠	雄	88.0±10.7	乙醚麻醉	主动脉插管	20
豚鼠	/	57.2	麻醉	颈总动脉插管	8
家兔	雄	90.0	麻醉	颈总动脉插管	20

注：1mmHg≈133.32Pa。

表 1-5-3　常用实验动物的呼吸频率正常值

动物种类	性别	呼吸频率(次/min)	测定时条件	测量方法	测量例数
小鼠	/	94.0		呼吸描记器	10
大鼠	/	85.5	戊巴比妥钠麻醉	呼吸描记器	35
豚鼠	/	60.0＋20	戊巴比妥钠麻醉	呼吸描记器	10
家兔	雄	56.0	戊巴比妥钠麻醉	未注明	5

表 1-5-4　常用实验动物的体温正常值

动物种类	性别	年龄	体温(℃)	测量部位	测量例数
小鼠	雄	1年以上	36.7＋1.3	直肠	50
大鼠	雄	4个月至1年	36.7＋0.9	直肠	10
豚鼠	雄	1～2年	39.2＋0.7	直肠	6
家兔	雄	1～5年	39.6	直肠	33

表 1-5-5　常用实验动物的代谢率及单位体重摄氧量的正常值

动物种类	性别	外界温度(℃)	测量条件	测量例数	单位体重摄氧量[mL/(g·h)]	代谢率[cal/(m²·h)]
小鼠	/	31.0～31.9	空腹	50	/	26.6＋1.2
大鼠	雄	28.0	睡眠、空腹	42	0.69±0.023	

续表 1-5-5

动物种类	性别	外界温度(℃)	测量条件	测量例数	单位体重摄氧量 [mL/(g·h)]	代谢率 [cal/(m²·h)]
大鼠	雄	27.0	空腹	10	/	28.29±0.41
豚鼠	/	30.0～30.9	空腹	0	/	24.70±0.41
豚鼠	/	25.0	空腹	6	0.833	/
家兔	/	28.0～32.0	基础状态	20	/	26.0

注：1cal≈4.19J。

第六节 常用生理溶液及实验药品剂量的确定

一、生理溶液

1. 常用生理盐溶液的成分及配制

生理实验中常用的生理盐溶液有数种，其成分各异（表1-6-1）。配制生理盐溶液的方法是将各成分分别配成一定浓度的基础溶液（表1-6-2），然后按表中体积混合。

表 1-6-1 常用生理盐溶液的成分

试剂	任氏液 两栖类	乐氏液 两栖类	台氏液 哺乳类（小肠）	生理盐水 两栖类	生理盐水 哺乳类
氯化钠（NaCl）（g）	6.50	9.00	8.00	6.50	9.00
氯化钾（KCl）（g）	0.14	0.42	0.20	/	/
氯化钙（CaCl$_2$）（g）	0.12	0.24	0.20	/	/
碳酸氢钠（NaHCO$_3$）（g）	0.20	0.1～0.3	1.00	/	/
磷酸一氢钠（NaH$_2$PO$_4$）（g）	0.01	/	0.05	/	/
氯化镁（MgCl$_2$）（g）	/	/	0.10	/	/

续表 1-6-1

试剂	任氏液 两栖类	乐氏液 两栖类	台氏液 哺乳类(小肠)	生理盐水 两栖类	生理盐水 哺乳类
葡萄糖(g)	2.0 (可不加)	1.0~2.5	1.00	/	/
蒸馏水加至(mL)	1000	1000	1000	1000	1000

表 1-6-2　几种生理盐溶液的配制方法

原液成分	任氏液	乐氏液	台氏液
20%氯化钠(NaCl)(mL)	32.5	45.0	40.0
10%氯化钾(KCl)(mL)	1.4	4.2	2.0
10%氯化钙($CaCl_2$)(mL)	1.2	2.4	2.0
5%碳酸氢钠($NaHCO_3$)(mL)	4.0	2.0	20.0
1%磷酸二氢钠(NaH_2PO_4)(mL)	1.0	/	5.0
5%氯化镁($MgCl_2$)(mL)	/	/	2.0
葡萄糖(g)	2(可不加)	1~2.5	1.0
蒸馏水加至(mL)	1000	1000	1000

注意：①配制时先将各种原液(除氯化钙、葡萄糖)混合，而后加入蒸馏水，最后再逐滴加入氯化钙，边加药、边搅拌，以免形成沉淀。葡萄糖在临用前加入，加入葡萄糖溶液不能久置。②配制成的生理溶液，要注意测定与校正溶液的pH，任氏液应校正至pH为7.2，乐氏液和台氏液应校正至pH为7.3~7.4。

2. 常用抗凝剂的配制

(1)柠檬酸钠：又称枸橼酸钠。体外抗凝，常用3.8%柠檬酸钠溶液。柠檬酸钠溶液与血液之比为1∶9，可用于红细胞沉降率的测定等。急性血压实验常用5%柠檬酸钠溶液抗凝。

(2) 肝素：①体外抗凝，取 1% 肝素溶液 0.1mL 于试管内，均匀浸润试管内壁，放入 80～100℃ 烘箱中烤干备用。每管可用于 5～10mL 血液。②体内抗凝，常用量为 5～10mg/kg。市售肝素注射浓度为 12 500U/mL（1U＝0.01mg），相当于 1mL 肝素钠 125mg，置于 4℃ 保存。

(3) 草酸钾：用于血液样品检验的抗凝。在试管内加饱和草酸钾溶液 2 滴，轻轻叩击试管，使溶液均匀分散到试管壁四周，置低于 80℃ 的烘箱内烤干备用。每管可用于 2～3mL 血液抗凝。

二、实验药品剂量的确定

用药剂量的确定是实验研究的重要问题。人或某种动物的剂量一般可从有关书籍或文献中查得，如何折算为其他动物的剂量是生理学实验中常常遇到的问题。

1. 动物间药物剂量按动物体型系数的换算

生理学实验中常用药物剂量按体重（kg）计算。动物种属不同，每千克体重剂量亦不同。即使同种动物也会因体重不同而给药剂量不同，因而应准确计算出不同种属、同种属但不同体重动物的剂量。以下给药剂量计算公式既可用于不同种属动物，也可用于同种属但不同体重的动物：

$$d_B = d_A \times R_B/R_A \times (W_A/W_B)^{1/3} \quad (1\text{-}6\text{-}1)$$

式中：d_A、d_B 为 A、B 两种动物的给药剂量（mg/kg）；R_A、R_B 为 A、B 两种动物的体型系数，可由表 1-6-3 查到；W_A、W_B 为 A、B 两种动物的体重（kg）。

表 1-6-3　不同种属的动物体型系数（R）

动物种属	小鼠	大鼠	豚鼠	兔	猫	猴	狗	人
体型系数	59	90	99	93	82	111	104	100

2. 人和动物间按体表面积折算等效剂量的换算

前述公式用于计算动物间给药剂量较为准确，但相对较复杂。一般情况下可用查表法换算（表 1-6-4）。

表 1-6-4　人和动物间按体表面积折算等效剂量比值

动物种属	小鼠 (20g)	大鼠 (200g)	豚鼠 (400g)	兔 (1.5kg)	猫 (2.0kg)	猴 (4.0kg)	犬 (12kg)	人 (70kg)
小鼠(20g)	1.0	7.0	12.25	27.8	29.7	64.1	124.2	387.9
大鼠(200g)	0.14	1.0	1.74	3.9	4.2	9.2	17.8	56.0
豚鼠(400g)	0.08	0.57	1.0	2.25	2.4	5.2	4.2	31.5
兔(1.5kg)	0.04	0.25	0.44	1.0	1.08	2.4	4.5	14.2
猫(2.0kg)	0.03	0.23	0.41	0.92	1.0	2.2	4.1	13.0
猴(4.0kg)	0.016	0.11	0.19	0.42	1.0	1.9	1.9	6.1
犬(12kg)	0.08	0.06	0.10	0.22	0.23	0.52	1.0	3.1
人(70kg)	0.002 6	0.018	0.031	0.07	0.078	0.16	0.32	1.0

例如，已知某药用于大鼠的有效剂量为 50mg/kg，求该药用于兔的等效剂量。

查表 1-6-4，从横向表头的动物种类中找到兔，再从竖向表头的动物种类中找到大鼠，两相对应的数据为 3.9，则 50mg/kg×3.9＝195mg/kg，即兔的等效剂量为 195mg/kg，可试用该剂量进行兔的药效实验，并根据药物反应适当调整剂量。

第七节　户外运动生理学实验基本操作技术

一、常用动物的捉拿方法

1. 蛙和蟾蜍

用左手将动物握紧在手掌中，示指和拇指分别压住其左、右前肢，并以左手中指、无名指、小指压住其左腹和后肢，右手进行脑、脊髓破坏等操作。抓取时，切忌挤压两侧耳部的腺体，以免毒液射入眼中。

2. 小鼠

小鼠的捉拿方法有两种：一种是用右手提起尾部，放在鼠笼盖的铁丝网上或其他粗糙面上，向后上方轻拉，此时小鼠前肢紧紧抓住粗糙面，迅速用左手拇指和示指捏住小鼠颈背部皮肤，并用小指和手掌尺侧夹持其尾根部固定手中，另一种是只用左手，先用拇指和示指抓住小鼠尾部，再用手掌尺侧及小指夹住尾根，然后用拇指及示指捏住其颈部皮肤。前一种方法简单好学，后一种方法较难，但便于快速捉拿给药。取血及静脉注射时，可将小鼠固定在金属或木制固定器上（图1-7-1）。

3. 大鼠

大鼠捉拿时应戴帆布手套捉持（图1-7-2），方法基本与小鼠相同。若大鼠过于凶猛，可待其安静后，再捉拿或用卵圆钳夹其颈部抓取。此外，可以用右手抓住鼠尾，左手戴防护手套或用厚布盖住鼠身作防护握住其整个身体，并固定其头骨防止被咬伤，但不要握力过大，勿握其颈部，以免大鼠窒息死亡。再根据实验需要将大鼠置于固定笼内或用绳绑其四肢固定于大鼠手术板上。大鼠在惊恐或被激怒状态下易将实验操作者咬伤，在捉拿时应注意。

4. 豚鼠

豚鼠生性胆小，故捉拿时要求快、稳、准。先用右手掌迅速而又轻轻地扣住豚鼠背部，抓住其肩胛上方，以拇指和示指环握颈部；对于体型较大或怀孕的豚鼠，可用另一只手托住其臀部（图1-7-3）。

5. 兔

常用实验兔为家兔。用手抓起家兔脊背近颈部的皮肤，抓的面积越大其承重点越分散。如家兔肥大应再以另一只手托住其臀部或腹部，使其承托于手中（图1-7-4），然后按实验要求固定。

图 1-7-1　小鼠的捉拿方法示意图

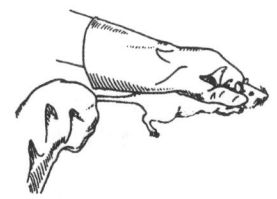

图 1-7-2　大鼠的捉拿方法示意图

图 1-7-3　豚鼠的捉拿方法示意图

图 1-7-4　家兔的捉拿方法示意图

二、常用动物的麻醉和给药方法

1. 常用动物的麻醉

进行在体动物实验时,宜用清醒状态的动物,这样将更接近于生理状态。但进行手术时为了消除动物疼痛或减少动物挣扎,必须进行麻醉。

1)麻醉的形式

(1)局部麻醉:需在动物清醒情况下进行局部实验时,可采用局部麻醉法。局部麻醉法有局部皮下注射法、黏膜局部滴药或涂药法等。0.5%～2%普鲁卡因作皮下浸润麻醉较为常用。

(2)全身麻醉:有吸入麻醉和注射麻醉两种方式。吸入麻醉,通常采用乙醚。乙醚吸入麻醉适用于各种动物时间较短的手术过程或实验。将浸有乙醚的棉球放入玻璃罩内,利用其挥发的性质,经呼吸道吸入,吸入后15～20min开始发挥作用。施行乙醚吸入麻醉时应避火、通风、注意安全。

2)麻醉药的种类

注射麻醉常用药物及给药途径见表1-7-1,以下重点介绍生理学实验最常用的麻醉药。

(1)乌拉坦:又名氨基甲酸乙酯,与氯醛糖类似,可导致较持久的浅麻醉,对呼吸无明显影响。乌拉坦对兔的麻醉作用较强,是家兔急性实验常用的麻醉药,对猫和狗则奏效较慢。乌拉坦长期用在大鼠和兔身上能诱发肿瘤,需长期存活的慢性实验动物不宜用此麻醉。本药易溶于水,使用时配成10%～25%的溶液。

(2)氯醛糖:本药溶解度较小,常配成1%水溶液。使用前需先在水浴中加热,使氯醛糖溶解,但加热温度不宜过高,以免降低药效。本药的安全性高,不仅能对实验动物产生持久的浅麻醉,而且对自主神经中枢的功能无明显抑制作用,对痛觉的影响也极微,故特别适用于研究要求保留生理反射(如心血管反射)或研究神经系统反应的实验。生理学实验中常将氯醛糖与乌拉坦混合用于中枢神经的实验,如大脑皮层诱发电位的引导等。配制时用加温法将氯醛糖溶于25%的乌拉坦溶液内,使氯醛糖的浓度为5%。狗和猫静脉注射剂量为每千克体重用1.5～2mL混合液,其中氯醛糖剂量为75～100mg/kg。兔也可用此剂量作静脉注射。

(3)巴比妥类:各种巴比妥类药物的吸收和代谢速度不同,其作用时间亦有长有短。巴比妥类对呼吸中枢有较强的抑制作用,麻醉过深时,呼吸可完全停止,故应注意给药不可过多过快。巴比妥类药物对心血管系统也有复杂的影响,故这类药物用于心血管功能研究的动物麻醉不够理想。

与乙醚比较,乌拉坦、巴比妥和氯醛糖等非挥发性麻醉药的优点是:使用方法简便;一次给药(硫喷妥钠除外)可维持较长时间的麻醉状态;手术和实验过程中不需要专人管理麻醉;麻醉过程比较平稳,动物无明显挣扎现象。缺点是动物苏醒较慢。

表1-7-1 常用麻醉药的剂量和用法

麻醉药	动物	给药途径	给药剂量(一)(mg/kg)	配制浓度(%)	给药剂量(二)(mL/kg)	维持时间
乌拉坦	狗、猫、兔	静脉、腹腔	750～1000	30	2.5～3.3	2～4h,应用安全、毒性小,更适用于小动物的麻醉
		直肠	1500	30	5.0	
	豚鼠、大鼠、小鼠	肌肉	1350	20	7.0	
	蛙类	皮下、淋巴	2000(或每只100～600mg)	20	(每只1～3mL)	
氯醛糖	狗、猫、兔	静脉	50	2	2.5	3～4h
	豚鼠、大鼠、小鼠	静脉、腹腔	50	2	2.5	
巴比妥钠	狗	静脉	225	20	1.12	4～6h,麻醉诱导期长,深度不易控制
	猫	腹腔	200	5	4.0	
		口服	400	10	4.0	
	兔	腹腔	200	5	4.0	
	鼠类	皮下	200	2	10	

续表 1-7-1

麻醉药	动物	给药途径	给药剂量（一）(mg/kg)	配制浓度（%）	给药剂量（二）(mL/kg)	维持时间
苯巴比妥钠	狗、猫	腹腔、静脉	80～100	3.5	2.2～3.3	同巴比妥钠
	兔	腹腔	150～200	3.5	4.3～6.0	
戊巴比妥钠	狗、猫、兔	静脉	30	3	1.0	1～2h，中途加1/5量可维持1h以上，麻醉力强，易抑制，呼吸变慢
		腹腔	35	3	1.0	
		皮下	40～50	3	1.4～1.7	
	豚鼠	腹腔	40～50	2	2.0～2.5	
	大鼠、小鼠	腹腔	45	2	2.5	
硫喷妥钠	狗、猫、兔	静脉、腹腔	25～50	2	1.3～2.5	15～30min，麻醉力强，注射宜慢，维持剂量酌情掌握
	大鼠	静脉、腹腔	50		5.0～10.0	

2. 常用动物的给药方法

1）注射给药方法

该方法应用最为广泛，而且效果明显。

(1) 静脉注射。

小鼠、大鼠：多采用尾静脉注射。先将鼠固定于固定器内（可采用筒底有小口的有机玻璃筒、金属或铁丝网笼）。将鼠全部尾巴露在固定器外面，以右手示指轻轻弹鼠尾尖部，必要时可用45～50℃的温水浸泡鼠尾部或用75%（体积分数）的乙醇擦鼠尾部，使全部血管扩张充血、表皮角质软化，以拇指与示指捏住鼠尾部两侧,鼠尾静脉充盈更明显,以无名指和小指夹持鼠尾尖部,中指从下托起尾巴固定好(图 1-7-5)。

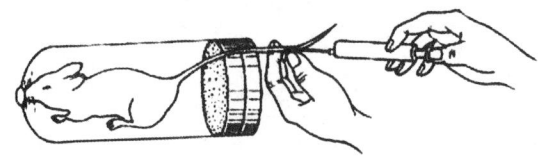

图 1-7-5　小鼠尾静脉注射示意图

注射采用 4 号针头,注射针头与鼠尾部呈 30°刺入静脉,推动药液无阻力且可见沿静脉血管出现一条白线,说明针头在血管内,可注药,一次注射量为 0.05～0.1mL/10g。大鼠亦可舌下静脉注射或颈外静脉注射。

豚鼠:一般前肢皮下头静脉穿刺易成功,也可先将后肢皮肤切开,暴露腔前静脉,直接穿刺注射,注射量不超过 2mL。

兔:一般采用耳缘静脉。耳缘静脉沿耳背后缘走行,较粗,剪除其表面皮肤上的被毛,并用水湿润局部,血管即显现出来。注射前可先轻弹或揉擦耳尖部并用手指轻压耳根部,第一次进针点要尽可能靠远心端刺入静脉,以便为以后的进针留有余地。后顺着血管平行方向深入 1cm,放松对耳根处血管的压迫,左手拇指和示指移至针头刺入部位,固定针头与兔耳,缓慢注射药液。若在实验中,需继续间断给药,最好采用留置针,注射后用胶布固定在兔耳上。

犬:常用的注射部位是后肢小隐静脉和前肢内侧皮下头静脉。注射前由助手将动物侧卧,剪去注射部位的被毛,用胶皮带扎紧(或用手抓紧)静脉近端,使血管充盈,从静脉的远端将注射针头平行刺入血管,待有回血后,松开绑带(或两手)缓慢注入药液。

(2)腹腔注射。

小鼠:腹腔注射时,左手固定动物,使腹部向上,头呈低位。右手持注射器,在小鼠右侧下腹部刺入皮下,沿皮下向前推进 3～5mm,然后刺入腹腔。此时有小鼠抵抗力消失的感觉,这时在针头保持不动的状态下推入药液。一次注射量为 0.1～0.2mL/10g。

大鼠、豚鼠、兔、猫等动物:腹腔注射皆可参照小鼠腹腔注射法,但应注意家兔与猫在腹白线两侧注射,离腹白线约 1cm 处进针。

(3) 肌内注射。

小鼠、大鼠、豚鼠：这些动物肌肉少，一般不作肌内注射。如需要时，可将动物固定后，一手拉直动物左侧或右侧后肢，将针头刺入后肢大腿外侧肌肉内（用5～7号针头）。每只小鼠一次注射量不超过0.1mL。

兔：肌内注射时，右手持注射器，令其与肌肉呈60°一次刺入肌肉中，先抽回针，视无回血时将药液注入，注射后轻按摩注射部位，帮助药液吸收。

(4) 皮下注射。

小鼠：皮下注射通常在背部皮下注射，注射时以左手拇指和中指将小鼠颈背部皮肤轻轻提起，示指轻按其皮肤，使其形成一个三角形小窝，右手持注射器从三角窝下部刺入皮下，轻轻摆动针头，如易摆动时则表明针尖在皮下，此刻可将药液注入。

大鼠：皮下注射部位可在背部或后肢外侧皮下，操作时轻轻提起注射部位皮肤，将注射针头刺入皮下，每次注射量小于1mL/100g。

豚鼠：皮下注射部位可选用两肢内侧、背部、肩部等皮下脂肪少的部位。通常在大腿内侧从注射针头与皮肤呈45°的方向刺入皮下，确定针头在皮下推入药液。

兔：皮下注射法参照小鼠皮下注射法。

(5) 淋巴囊注射。

两栖类动物淋巴囊注射：蛙和蟾蜍的皮下有数个淋巴囊，其中胸淋巴囊常用作给药部位。注射时以左手握住动物，右手持注射器将针头刺入口腔，然后穿过下颌肌层进入胸淋巴囊内注入药液（图1-7-6），一次最大注射量为1mL。

2) 灌胃给药方法

小鼠和大鼠：灌胃给药需采用灌胃器，即由灌胃针连接注射器（小鼠1mL，大鼠5～10mL）组成。小鼠灌胃针长约5cm，大鼠灌胃针长为6～8cm。灌胃时，用左手固定鼠，使其腹部向上，右手持灌胃器，沿鼠体壁用灌胃针测量口角至最后肋骨之间的长度，计为插入灌胃针的预计长度。随后，用灌胃针压住其舌部，使口腔与食管成一线，再将灌胃针沿上腭壁轻轻插入食管，进入胃内（图1-7-7）。为防止将药液注入气管，注药前，应回抽注射器针栓，无空气逆流则说明灌胃针不在气管内，即可推注药液。小鼠每次灌胃量为0.1～0.3mL/10g，大鼠每次灌胃量1～2mL/100g。

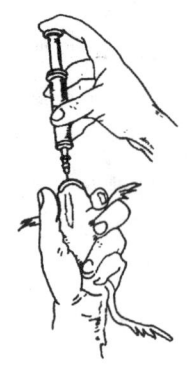
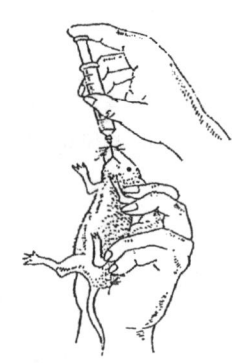

图 1-7-6　蛙类淋巴囊注射示意图　　图 1-7-7　鼠类灌胃给药方法示意图

家兔：通常由两人合作进行（图 1-7-8）。一人将家兔的躯体和后肢夹于两腿之间，左手抓住双耳固定其头部，右手抓住其前肢；另一人将开口器放在家兔口中，将兔舌压在开口器下面，然后用 14 号导管自开口器中央的小孔插进，缓慢沿上腭壁插入食管 5～18cm。插管后，将导管的外口端放入盛水的烧杯中，若无气泡逸出，说明导管在食管内，即可将药液推入，最后用少量清水冲洗胃管，以保证管内药液全部进入胃内。家兔每次灌胃量最多为 150mL。

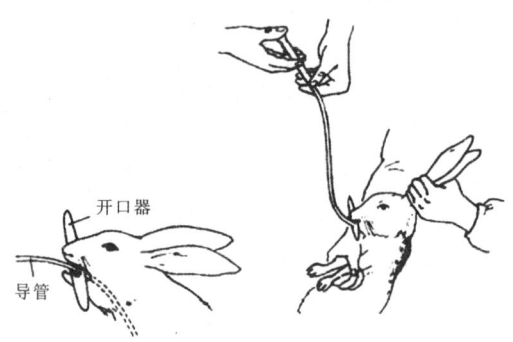

图 1-7-8　家兔灌胃给药法示意图

三、常用动物的固定方法

动物固定的方法，因动物实验内容不同而异。例如，做腹部、胸部实验时采用仰卧位；头部实验采用俯卧位；而脑内核团记录，则要固定头部，且处于一特定水平位置,以便确定向深部核团插入电极的角度和深度。

(1)蛙和蟾蜍通常可用蛙钉(或大头针)将其四肢固定于蛙板上。

(2)鼠仰卧位固定可用棉绳拉住鼠的上门齿,拴到实验台上,四肢分别用绳固定。

(3)兔等稍大的动物,通常使用各种动物的头夹(图1-7-9)和固定绑带将动物固定在实验台上。兔头固定器猫头固定器做家兔耳血管注射或取血时,可用兔盒固定。做各种手术时,可将家兔麻醉后,采取仰卧位固定法,将家兔固定在手术台上,用棉绳套住兔的上门齿,将家兔固定于手术台柱上。俯卧位固定时,让兔自然趴卧在手术台稍加固定即可。如果进行头部实验,固定方法与猫头固定方法相似。图1-7-9为常用动物头固定器示意图。

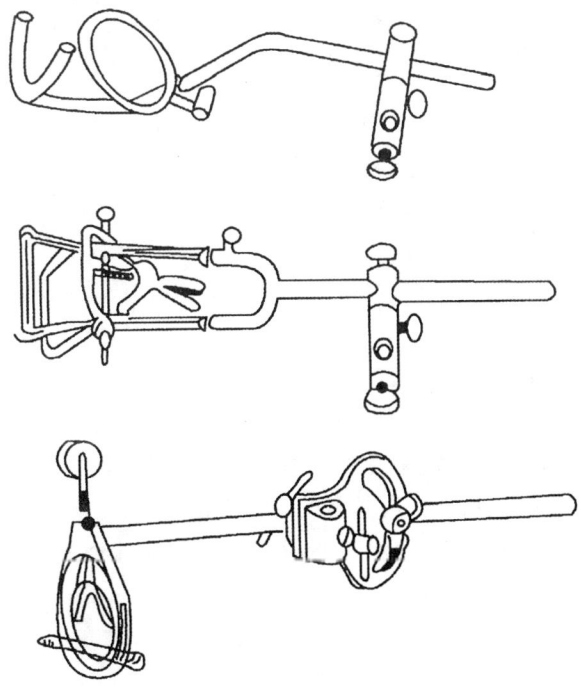

图1-7-9 常用动物头部固定器示意图

第八节 实验设计

实验设计是生理学实验的重要组成部分,其基本原理是运用学过的生理学基本知识结合统计学的知识和方法,严格控制干扰因素,最大限度减少实验误差,保证实验数据的可靠性和精确性,使实验达到高效、快速和经济的目的。

一、实验设计的基本原则

为满足实验设计的科学性、准确性,除了对受试对象选择、处理因素、效应指标做出合理安排以外,还必须遵循实验设计的三大原则,即对照原则、随机原则和重复原则。

1. 对照原则

(1)空白对照或称正常对照:指对受试对象不做任何处理或使用安慰剂进行观察。例如,观察某降糖药的作用时,实验组动物服用降糖药,对照组不服用降糖药物或服用安慰剂(即一种形状、颜色、气味均与药物相同,但不含有药物成分的对照品)。

(2)自身对照:指对照与处理均在同一受试对象上进行。例如,用药前后对照、手术前后对照。

(3)标准对照:指实验结果与标准值或正常值进行对照。例如,药物疗效观察,观察典型药物与现用药物所具有的疗效有何差异。

(4)实验对照(亦称假手术组):指对照组不施加处理因素,但施加某种与处理因素相关的实验因素进行对照。例如,研究切断迷走神经对胃酸分泌的影响,除设空白对照外,还需要设假手术组(经过同样麻醉、切开、分离,但不切断迷走神经)作为手术对照,以排除手术本身对实验结果的影响。

(5)相互对照(亦称组间对照):指不特设对照组,而是几个实验组、几种处理方法之间对照。例如,用几种药同时治疗同一疾病,对照这几种药的效果,各给药组间互为对照。

2. 随机原则

随机是指对实验对象的实验顺序和分组进行随机处理,使每个实验对象在接受分组处理时具有均等的机会,因此遵循随机原则是提高组间均衡性的一个重要手段。通过随机化处理,一方面可使抽取的样本能够代表总体,减少抽样误差;另一方面使各组样本的条件尽量一致,消除或减少组间差异,从而使处理因素产生的效应更加客观,便于得出正确的实验结果。随机化的方法有很多,如抽签法、随机排列表、随机数字表等。

3. 重复原则

重复是指可靠的实验结果应在相同条件下重复出来。由于实验对象个体差异等因素,一次实验结果往往不够准确可靠,需要多次重复实验才能获得可靠的结果。因此,重复是保证科研结果稳定、结论可靠的重要措施。

二、实验设计的实施

1. 确定实验对象与样本数量

(1)实验对象的选择包括人和动物。以人体作为实验对象的实验主要是一些无创伤性的实验例如脉搏、心率、血压等,也包括运动生理方面的实验性训练、运动现场测定等实验。在选择动物为实验对象时应注意:①选择生物学特征既接近于人类又经济易得的动物,如家兔、大鼠、豚鼠等。②选择健康、营养状况良好的动物。健康的动物表现为行动活泼、反应灵敏、毛色光泽、两眼明亮、食欲良好等,这样能获得理想的实验结果。③选择品系符合实验要求的动物,一般以纯种动物(近交系动物)为佳。④选择年龄、体重、性别一致的动物,以减少动物个体差异对实验造成的影响。

(2)确定样本数量。一般情况下,动物实验每组所需的样本数量与实验要求有关。

2. 确定实验方法

实验方法要根据实验目的以及实验室现有的仪器设备条件而确定。在实验方案确定后,要精心准备,包括使用的仪器、试剂、药品以及器械。为了解实验方法和步骤是否切实可行,需做预实验,确定测试指标是否稳定可靠,并初步了解实验结果与预期结果的距离,从而为正式实验提供补充、修正的意见和经验。

3. 确定观察指标

观察指标首先要能反映被研究问题的本质,具有专一性。其次是指标必须能用客观的方法取得准确数据,如血压、心率、体重等;而麻木、头痛、恶心等则属主观感觉,不宜定量。正确选定效应指标需符合以下原则。

(1) 特异性:指标应能反映某一特定的现象,如研究高血压病应用血压(尤其是舒张压)作为特异指标,血气分析中的血氧分压和二氧化碳分压可作为呼吸衰竭的特异指标等。

(2) 客观性:实验可选用各种仪器测量和检验获得的客观指标,如心电图、脑电图等,其反映的现象准确不易受主观因素干扰。

(3) 灵敏性:由实验方法和仪器的灵敏度共同决定。灵敏性高的指标能将处理因素引起的微小效应显示出来;灵敏性低的指标对已经发生的变化不能及时反映出来或得到假阴性结果,这种偏向指标应该放弃。

(4) 重复性:在相同条件下,观测指标可以重复测得。重复性高的指标一般能较真实地反映实际情况。为提高重复性,需注意仪器的稳定性,减少操作误差,控制实验条件。

(5) 精确性:包括精密度和准确度,实验效应指标要求既精密又准确。精密度与随机误差相关,准确度主要受系统误差的影响。

(6) 可行性:指标测定方法要有文献依据,同时要具备完成本实验指标的实验室设备和技术水平,使实验能够顺利实施。另外,还需明确指标测定的具体步骤,包括使用仪器、测定方法、操作步骤、结果的分析等。

4. 确定实验分组

采用随机抽样分组,方法有下列几种。

(1) 完全随机法:主要用于单因素大样本的实验。首先将样本编号后,按统计学专著所附的随机数字表,任取一段数字,依次排配各样本。然后按这些新号码的奇偶(分两组时)或除以组数后的余数(分两组以上时)作为分配归入的组次。最后仍同前再随机调整,以使各样本数量达到均衡。

（2）简化分层随机法：常用于单因素小样本的一般实验，即将同一性别的动物按体重大小顺序排列，分组时按体重小到大的次序随机分到各组。在一个实验中体重不宜相差过大。一种性别的动物分配完后，再分配另一性别的动物。各组雌雄性别数目应一致。

（3）均衡随机法：对重要因素进行均衡，使各组基本一致；对次要因素则按随机处理。

第九节 实验资料的处理分析

在严谨合理的实验设计上进行实验研究，要对实验资料进行收集、核查和整理等，最后根据统计处理的结果进行分析讨论。

一、实验资料的收集、核查和整理

1. 实验资料的收集

实验进行前，应根据实验设计，编制记录实验资料的项目、表格，以便之后的识别、归类、处理和分析。实验数据应及时用实验专用记录本或计算机储存。记录时要书写清楚，应有必要的精确度，避免缺项、误抄、难辨认，以致日后无法采用。

2. 实验资料的核查

对原始实验资料须进行认真核对检查，发现实验数据缺项或缺少统计分析的关键数据，必须尽可能补充实验或剔除。

3. 实验资料的整理

1) 实验数据的分类整理

对原始实验资料和数据检查完成后，应进一步将数据进行整理分类。首先应区别原始数据是数量性资料（包括连续性资料，即计量资料；不连续性或间断性资料，即计数资料），还是质量性资料。

(1)计数资料:研究中有些资料无法定量,只有质的区别,数据通常是通过计数而取得,如存活与死亡、有效与无效、阴性或阳性等。此类资料在整理时,需对全部观察对象进行计数,故称为计数资料或定性资料。这类资料可进行率的计数,如有效率、治愈率和死亡率等。

(2)计量资料:观察指标是连续的变量,或是通过度量衡等计量工具直接测定的数据(如身高、体重、血象、血压、肺活量、尿量等)均属计量资料。计量资料可用均数和标准差表示,标准差通常不应大于均数的1/3。

(3)等级资料:实验研究获得的资料有时是半定量的或具有某种属性的程度不同。例如,用中药治疗某种病人的疗效可分为治愈、好转、无效等;研究某一新药的过敏反应设定－、±、+、++不同程度来表示。这类计数资料称为等级资料。等级资料与一般计数资料不同的是,属性的分组有程度的差别,各组按大小顺序排列;与计量资料不同的是,等级资料以每个观察单位来确切定量,因而也被称为半计量资料。

2)实验数据的分组整理

当实验数据所含的变数较多时(多于30个变数以上的大样本),需要将变数分为若干组,以利于统计分析。对不同类型的数据有不同的分组方法。

(1)连续性数据的分组:采用组距分组法。在分组前先确定全距、组数、组距和组限等,然后将每个变数纳入组内。

全距:计量数据中最大值减最小值。

组数:根据样本观测数的多少来确定。

组距:组距＝全距/组数。组距可以相等,也可以不等。当数据变动比较均匀时,可采用等距分组(等距分组的优点是各数的频数不受组距大小的影响);当数据过分集中于一端,且相距太远时,可采用不等距分组。

组限:组限是指每个组变量的起始点(组下限)和终止点(组上限)。组内最大值为组上限,组内最小值为组下限,组上限＝组下限＋组距。

(2)间断性数据的分组:常采用单项分组法,以样本变数的自然值进行分组,每组用一个变数值。然后可用画"正"计数法制成次数分布表,还可依据次数分布表制成次数分布图(折线图、矩形图、条形图、圆形图)及计算平均数、标准差等统计指标。

二、实验资料的统计分析

实验数据的统计分析包括统计描述和统计推断两部分内容。统计描述是用统计指标描述资料的数据特征。统计推断包括参数估计和假设检验。参数估计是在统计描述的基础上由样本统计指标推论总体;假设检验是推断比较的两组统计指标间的差别是本质不同,还是抽样误差所致。

1. 统计指标

计量资料的常用统计指标变量的取值是定量的,表现为数值大小,一般有度量衡单位,如身高(cm)、血压(kPa 或 mmHg)、红细胞数($\times 10^{12}$/L)、血红蛋白(g/L)等。

1)平均数

常用的平均数有均数、几何均数和中位数。

(1)均数:适用于对称分布资料(尤其是正态分布资料),医学资料绝大多数近似对称分布,如身高、血压、红细胞数、血红蛋白等,可用均数作为指标描述其集中趋势和平均水平。

(2)几何均数:适用于等比级数资料(对数正态分布),医学资料如抗体滴度、抗原滴度等,变量值间呈倍数关系,可选用几何均数描述其平均水平和集中趋势。

(3)中位数:一般用于偏态分布(不对称)资料或数据的一端或两端为不确定值的资料,无法计算均数和几何均数,可选用中位数描述其平均水平和集中趋势。医学资料如治愈日数、传染病潜伏期等,常常出现数据的一端为不确定值。计算方法是将一组观察值按从小到大顺序排列,位次居中的观察值就是中位数(或位次最中间两个数值的平均值)。

2)变异指标

变异指标描述的是一组变量值的变异程度和离散趋势。常用的变异指标有标准差和变异系数。

(1)标准差:适用于对称分布资料(尤其是正态分布资料)。

(2)变异系数(CV):主要用于量纲不同或均数差别较大的变量间变异程度的比较。变异系数没有单位,常以百分数表示,其意义是标准差为均数的多少倍。变异系数大,意味着相对于均数而言的相对变异性较大。

计数资料的变量值是定性的,表现为互不相容的类别和属性,如性别(男、女)、血型(A、B、AB、O)、治疗结果(有效、无效)等。计数资料的统计描述常用相对数作为指标,常用的相对数有率、构成比、相对比。

(1)率:是说明某现象发生的频率或强度的指标。

(2)构成比(百分比):是表示事物内部各构成部分在全体中所占比例或分布的指标。

(3)相对比:是两个有关的同类指标的比,常以倍数或百分数(%)表示。

2. 常用统计方法

实验数据资料经整理和初步统计描述后,需对不同实验组间数据进行比较,即进行不同实验组间差别的假设检验(或显著性检验),以推断不同实验组间的差别是本质不同,还是抽样误差所致。不同类型数据需采用不同的假设检验方法。例如,两组计量资料的比较常用检验和方差分析,计数资料的组间比较通常用卡方检验。p 值一般用来描述对比组之间的差异有无显著性意义:$p<0.05$ 为对比组之间的差异具有显著性意义,$p<0.01$ 为对比组之间的差异具有非常显著性的意义。

三、实验报告的书写

1)一般要求

实验报告是对实验的总结,是表达实验研究成果的一种形式。书写实验报告是一项重要的基本技能,是学习书写论文的基础。书写实验报告应注意内容真实准确,文字简练、通顺,书写干净、整洁,标点符号、外文缩写、单位度量准确且规范。

2)具体书写要求

实验报告本的封面须注明姓名、专业、年级、班次、组别。实验报告书写的格式和具体要求如下。

(1)实验报告的一般情况介绍:①实验序号和题目;②实验的日期与过程;③实验室的温度和湿度。

(2)实验目的:要说明为什么要进行该项实验,解决了什么问题,具有什么意义。

(3)实验原理:简要叙述设计本实验所依据的基本原理。

(4)实验对象:若观察人的生命指标,须注明性别、年龄、职业、健康状况;若进行动物实验,须注明动物来源、种属、性别、年(周)龄、健康状况。

(5)实验器材与药品:①所有的实验仪器、器械应介绍齐全,包括名称、型号、规格、数量;②注明实验药品的中英文及缩写、来源和批号剂量、施加途径与手段。

(6)实验方法和实验步骤:按顺序用序号列出每一步操作,说明实验过程中的具体步骤,并描述实验过程中的具体操作方法。

(7)实验结果:实验过程中观察到的现象和原始记录的资料(如曲线)、数据及经过。在实验完成之后,应对实验过程中观察到的现象与原始记录的资料(如曲线)和数据进行认真核对、系统分析,对数据进行统计学处理,形成实验结果。实验结果可选用适当的表格、图表、曲线的方式,加上简明扼要的文字叙述。依顺序用序号将实验过程中的每一观察项目所观察到的现象记录下来,将图或曲线剪贴在实验报告本上。

(8)讨论:根据已知的理论知识对本实验结果进行实事求是、符合逻辑的分析推理,从而推导出恰如其分的结论,最好能提出实验结果的理论意义和应用价值。如果实验出现非预期结果,绝对不能舍弃或随意修改,要对非预期结果进行分析研究,探讨非预期结果的原因。有时正是从某种非预期结果中发现新的有价值的东西,从而实现新理论的建立,或者实验技术的改进等。

(9)结论:应与本次实验的目的相呼应。结论是从实验结果和讨论中归纳出的概括性的判断,即是本次实验所能验证的理论的简明总结。实验结论不是实验结果的简单重复,不应罗列具体的结果,也不能随意推断和引申。如果实验结果未能说明问题,不要勉强下结论。

第二章　户外运动生理学实验项目

实验一　肌肉生理横断面大小对肌肉收缩力量的影响

【目的】

了解肌肉生理横断面大小对肌肉收缩力量的影响；深入了解肌肉力量产生的生理机制。

【原理】

通常，我们可以用绝对力量和比肌力来衡量肌肉的力量。绝对力量是指肌肉在最大收缩时产生的力量，它与肌肉的生理横断面积密切相关。肌肉的生理横断面积越大，肌肉的绝对力量也越大。比肌力则是指单位生理横断面积的肌肉力量。由于直接测量人体肌肉的生理横断面积比较困难，但某个身体部位的净围度与该部位的生理横断面积呈正相关，因此通过测量身体某部位的净围度，我们可以间接了解该部位肌肉的生理横断面积大小。已知该部位肌肉的绝对力量后，我们可以推算出比肌力相关的值。

【器材】

握力计、背力计、皮脂厚度测量计、小皮尺等。

【步骤】

1. 绝对力量的测定

1) 前臂肌的绝对力量

通过握力计来测量前臂肌的绝对力量。在测量时,首先,将握柄调至受试者小指到示指的第二指间关节至大拇指虎口的最适位置。然后,受试者一手握住握力计,握住时指针应指向外侧。双腿自然开立,双臂下垂。接着,受试者需要全力紧握握力计,这样握力计的指针会开始摆动。当握力计指针停止摆动时,所对应的读数就是所测得的握力值。为了保证准确性,需要连续进行3次测量,每次测量之间休息30s。最后,记录这3次测量中的最大值,即为前臂肌的绝对力量。

2) 腿部伸肌的绝对力量

使用背力计来测量腿部伸肌的绝对力量。在测量时,受试者应站立在背力计踏板的指定位置上,并且膝关节呈130°～140°的弯曲状态。然后,调节背力计握柄的高度,将其置于双腿内侧的中部位置。接下来,受试者需要用力伸直膝关节,向上拉背力计。为了保证准确性,需要连续进行3次测量,并记录这3次测量中的最大值,即为腿部伸肌的绝对力量。需要注意的是,在测量时不能借助屈臂和身体向后倒的力量,否则需要重新进行测量。

2. 比肌力的测定

1) 前臂和大腿围度

量前臂围度时,需确保前臂伸直下垂,并在前臂最丰满的位置进行测量。同时,在测量大腿围度时,受试者应以站立姿势下,臀部自然下垂且水平放置,在臀褶下方水平绕过大腿进行测量。

2) 前臂和大腿皮脂厚度

使用皮脂厚度测量计进行测量时需要注意以下事项:首先,确保仪器的准确性通过进行校正,其中测量卡尺的压强应为$10g/cm^2$,接触面积应在$20～40mm^2$之间。在进行测量时,受试者应采取自然站立的姿势,保持被测部位暴露。测试者应使用右手握住皮脂厚度测量计,用左手的拇指和示指捏起所测部位的皮肤和皮下组织,使其形成一条皱褶,该皱褶应与肢体的长轴平行。然后,用右手将卡尺固定在距离指端约 1cm 处的皮褶上,并等待指针在 2s 内稳定下来。最后,以毫米为单位读取记录数,重复测量 3 次,并取误差小于 5% 的测量结果均值作为最终结果。

3)净围度计算

(1)计算围度半径 R 值:

$$R = C/2\pi \tag{2-1-1}$$

(2)计算净围度:

$$C' = 2\pi(R-r)。 \tag{2-1-2}$$

式(2-1-1)(2-1-2)中:C 为围度(cm);R 为围度半径(cm);C' 为净围度(cm);r 为皮褶厚度(cm)。

4)比肌力计算

比肌力可用单位净围度肌力表示。计算时则用净围度除以所测得的绝对肌力求得,单位为 kg/cm^2。

【注意事项】

(1)受试者选择:选择代表性的健康受试者作为研究对象,避免有任何与肌肉功能相关的疾病或损伤的受试者。

(2)实验设备:确保所使用的测量设备经过校准,保证其准确性和可靠性。

(3)测量标准化:确保测量过程的标准化。

(4)任务规范:规定受试者进行特定的肌肉收缩任务。

【作业】

(1)依据实验结果,描述生理横断面大小对肌肉收缩力量的影响。

(2)分析肌肉收缩力量和比肌力测量在运动实践中的意义。

实验二　后负荷对肌肉收缩张力、收缩速度和输出功率的影响

【目的】

(1)研究后负荷对肌肉收缩张力的影响:通过调节不同的后负荷,可以观察肌肉在不同负荷下的收缩张力变化,进而了解后负荷对肌肉力量的影响。

(2)研究后负荷对肌肉收缩速度的影响:根据肌肉受到的后负荷大小的不同,可以测量肌肉收缩的速率,并比较不同负荷下的收缩速度变化。

(3)研究后负荷对肌肉输出功率的影响:肌肉输出功率是指在单位时间内完成的功,通过测量不同后负荷下肌肉的收缩速度和张力,可以计算不同负荷下的输出功率,并比较其差异。

【原理】

肌肉的收缩和对抗负荷的大小密切相关。在一定范围内,随着负荷的增加,肌肉收缩所产生的张力也增加,但收缩速度却减慢。相反,在负荷减小的情况下,肌肉收缩所产生的张力减少,但收缩速度增加。因此,在一定负荷下,肌肉收缩的张力与收缩速度成反比关系。肌肉的输出功率等于收缩时产生的张力和收缩速度的乘积。根据张力与速度的关系,只有在适宜负荷下,肌肉的输出功率才能达到最大。

【器材】

秒表、力量测定器和杠铃片(5~30kg)等。

【步骤】

(1)受试者采取坐姿,并将前臂平放在力量测定器的平板上,手掌向上。将手套放置在平板上的皮圈内,并握紧拳头(图 2-2-1)。受试者可以尝试屈肘并提拉皮圈,此时可以借助绳索和滑轮使连接的杠铃片上下移动。

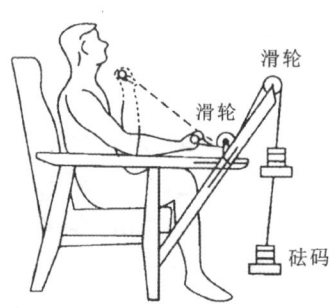

图 2-2-1 力量测定器示意图

(2)主试者发出"开始"口令,受试者立即以最快的速度反复进行前臂弯举提拉动作。动作限制在肘关节弯曲 90°,并要求肘关节始终与测力器平板保持接触。在 10s 内计算提拉动作的次数,此时使用的负荷质量为前臂(设定为 1.3kg)。

(3)逐步增加负荷,并重复上述实验步骤。杠铃片的负载(m;$F=mg$)依次为 5kg、10kg、15kg、20kg、25kg、30kg,每增加一次负荷质量,测量 10s 内手臂以最快速度移动该质量的次数,并将其转化为每分钟的数值。

(4)根据公式计算每个负荷等级下前臂的角速度、手的移动速度和输出功率。

前臂的角速度:
$$\omega = 90° \times n \times 6 \times \pi/180° \qquad (2\text{-}2\text{-}1)$$

式中:n 为 10s 手臂移动质量的次数。

手的移动(线)速度:
$$v = \omega \cdot r \qquad (2\text{-}2\text{-}2)$$

输出功率:
$$P = F \times v \qquad (2\text{-}2\text{-}3)$$

将测试结果记录在表 2-2-1 中。

表 2-2-1 不同负重时实验结果登记表示例

负重(F)	每 10s 移动次数(n)	半径(r)	角速度(ω)	手端的线速度(v)	备注

【注意事项】

(1) 逐步增加负荷,直到达到受试者的最大承受能力为止。

(2) 在进行实验时,确保运动的手臂的肘关节稳定固定在测力器平板上。必要时,可以用另一只手臂握住运动手臂的上臂,以加强对肘关节的支撑。

(3) 在每次负荷增加时,手臂的移动必须在 10s 内以最快的速度完成。同时,还要注意安全,防止肌肉拉伤的发生。

【作业】

(1) 依据实验结果在直角坐标系描记肌肉收缩张力与速度关系及功率曲线,分析不同负荷对肌肉收缩产生的张力和速度的影响。

(2) 为什么在一定范围内肌肉收缩的张力和速度呈反比关系?在运动实践中如何应用这一结果?

实验三　ABO血型的鉴定

【目的】

通过观察红细胞在特定抗体或抗血清中的凝集反应,从而了解ABO血型鉴定的原理、测定血型的方法及其意义。

【原理】

血型是通过检测红细胞膜表面特异性抗原(糖蛋白和糖脂)的存在与否来确定的,而这些抗原的表达受遗传基因的影响。同时,血清中存在着能与相应抗原发生凝集反应的抗体或凝集素,最终导致红细胞溶解。基于这一现象,临床上输血前必须进行血型鉴定,以确保输血的安全性。

【器材】

(1)器材:显微镜、小滴管、牙签、载玻片、刺血针、棉球、酒精棉球。
(2)溶液:A型、B型标准血清,生理盐水。
(3)对象:人。

【步骤】

(1)在一块干净的玻片上用蜡笔划分为两半。在左上角标注"A",代表A型血清;在右上角标注"B",代表B型血清。
(2)使用一个小滴管,从A型标准血清中吸取一滴(含有抗B抗体),滴在玻片左侧中央。然后,使用另一个小滴管,从B型标准血清中吸取一滴(含有抗A抗体),滴在玻片右侧中央。
(3)用消毒酒精清洁耳垂或无名指皮肤,然后使用消毒针深度约2mm刺破并出血。接下来,用一根牙签轻轻刮取一小滴血液,立即滴入玻片两侧的血清中。用另一根牙签搅拌,确保每侧的血清与血液充分混合。每次只使用一根牙签,切勿混用。

(4)在室温下静置10min后,肉眼观察是否有凝集现象。例如,如果只有A侧发生凝集,则血型为B型;如果只有B侧发生凝集,则血型为A型;如果两侧均有凝集,则血型为AB型。如果两侧都未发生凝集,则血型为O型(图2-3-1)。值得注意的是,凝集反应的强度因人而异,有时可能需要借助显微镜来确定是否发生凝集。

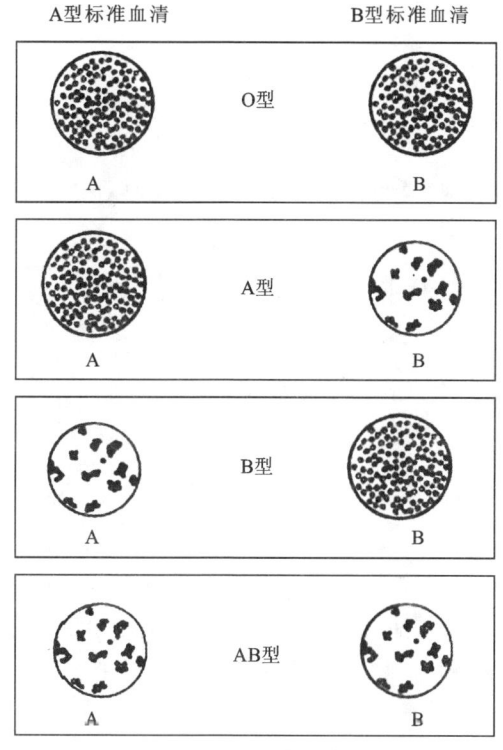

图 2-3-1 ABO 血型检查结果的判定

【注意事项】

1)预习要求

(1)复习 ABO 血型系统。

(2)复习血型系统与临床输血的关系。

2)操作要点

(1)滴加在两侧的血清不要混匀,左侧 A 型血清,右侧 B 型血清,避免两种血清相互接触。

(2)每侧用一根牙签加入血液一滴,不能用同一根牙签。

3)报告要点

将观察到的现象进行简单描述,并结合课本内容讨论血型鉴定的原理及临床意义。

【作业】

(1)根据自己的血型,说明你能接受输血的血型和能给何种血型的人输血,为什么?

(2)如何区别血液凝集、血液凝固与红细胞叠连,其机制是否一样?

实验四　正常人体心音听诊

在正常心脏搏动过程中,心肌收缩、心瓣膜启闭以及血液的流动会产生机械振动。这些振动通过周围的组织传递到胸壁上。如果我们把耳朵贴在胸壁上或者使用听诊器放在特定的位置,就能听到这些振动形成的声音,也就是我们所说的心音。在正常情况下,心脏在一次搏动过程中会产生四个心音,分别被称为第一心音、第二心音、第三心音和第四心音。通过听诊的方法,我们通常只能听到第一心音和第二心音。如果心脏发生异常活动,可能会产生杂音或其他异常的心音。因此,心音对于诊断心脏疾病非常重要。

【目的】

(1)了解听诊器的主要结构和使用方法:在实验开始之前,我们需要了解听诊器的主要结构,如听诊头、耳塞、软管等,并学习正确的使用方法,以确保准确地接收和放大心音信号。

（2）熟悉心音听诊区部位：在进行心音听诊之前，我们需要了解心音的产生位置和传播路径。通常，我们可以在心前区、心尖区和心底区进行听诊。通过了解这些区域的位置和解剖结构，我们可以更好地定位和识别心音。

（3）初步学会心音的正确听诊方法：听诊正常人体心音的关键是掌握正确的听诊方法。我们应该确保听诊器与皮肤的贴近度、角度和压力等因素的正确应用。此外，需要轻轻移动听诊器，以准确捕捉心脏的不同部位产生的心音。

（4）正确分辨第一心音和第二心音：第一心音和第二心音是正常心脏搏动过程中产生的两个明显的心音。第一心音较为低沉，由心脏的二尖瓣和三尖瓣的关闭引起；第二心音较为清晰，由肺动脉瓣和主动脉瓣的关闭引起。通过仔细倾听两个心音的时序和音调差异，我们可以正确地区分它们。

【原理】

第一心音是心室收缩期发生的，表示心室开始收缩。它由房室瓣突然关闭引起的振动以及心室射血引起的大血管扩张和涡流引起的低频振动组成。在心尖冲动处（即二尖瓣听诊区的左第五肋间锁骨中线内侧），第一心音听得最清晰。它的特点是音调较低，持续时间相对较长。第二心音发生在心室舒张期，表示心室开始舒张。它的产生主要与主动脉瓣和肺动脉瓣关闭引起的振动有关。在胸骨旁第二肋间（即主动脉瓣和肺动脉瓣听诊区），第二心音听得最清晰。它的特点是音调较高，持续时间较短。

【器材】

听诊器。

【步骤】

（1）听诊器主要包括拾音部分（胸件）、传音部分（软管）和听音部分（耳件）3个组成部分（图2-4-1）。胸件有钟型和膜型两种类型可供选择，钟型胸件适用于听取低频声音，而膜型胸件适用于听取较高频声音。佩戴听诊器时，金属耳管应向前倾斜，与外耳道的角度一致，确保耳塞与耳道紧密贴合。

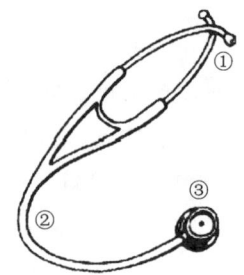

①耳件；②软管；③胸件。

图 2-4-1　听诊器示意图

(2)确定听诊部位。①受试者解开上衣，面向亮处坐好。检查者端坐，两腿并拢置于受试者腿的左侧或右侧。②正常成人心尖冲动位于左锁骨中线与第五肋间交点稍内侧(0.5~1.0cm)处，冲动范围以直径计算为 2.0~2.5cm。观察(或用手触诊)受试者心尖冲动位置与范围是否正常。③找出各瓣膜听诊区(图 2-4-2)。

　　a.二尖瓣听诊区：在左锁骨中线与第五肋间交点稍内侧(心尖冲动处)。

　　b.肺动脉瓣听诊区：胸骨左缘第二肋间。

　　c.主动脉瓣听诊区：胸骨右缘第二肋间。

　　d.主动脉瓣第二听诊区：胸骨左缘第三肋间。

　　e.三尖瓣听诊区：胸骨右缘第四肋间或胸骨剑突下。

(3)辨别心音　检查者戴好听诊器，以右手的拇指、示指和中指轻持听诊器胸件，置于上述听诊部位依次进行听诊。在胸前区胸壁上任何部位均可听到第一、第二心音。需根据心音性质(音调高低、持续时间长短)和间隔时间等，仔细区分这两个心音，其要点是：①第一心音的音调较低，持续时间较长，在心尖部听得最清楚；第二心音的音调较高，持续时间较短，在心底部听得最清楚。②第一心音与第二心音之间的时间间隔小于第二心音与下一个心动周期的第一心音之间的时间间隔。③第一心音与心尖冲动(或几乎与颈动脉搏动)同步。因此，听心音时，可同时用手触诊心尖冲动或颈动脉搏动，与此搏动同时出现的为第一心音。辨别心音可用顺口溜总结如下：第一心音低而长，心尖部位最响亮。一二之间间隔短，心尖冲动同时相。第二心音高而短，心底部位最响亮。二一之间间隔长，心尖冲动反时相。

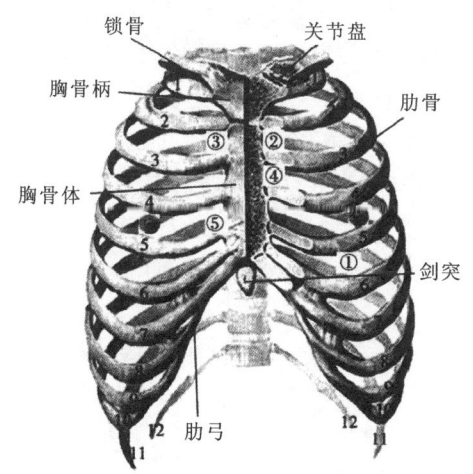

数字1~12分别表示第1肋骨至第12肋骨；序号①~⑤分别表示各瓣膜听诊区，其中：①二尖瓣听诊区，②肺动脉瓣听诊区，③主动脉瓣听诊区，④主动脉瓣第二听诊区，⑤三尖瓣听诊区。

图 2-4-2　心音听诊的位置模式图

【备选实验项目】

快速跑步10min后立即听诊心音。

【注意事项】

（1）保持环境安静：在进行心音听诊时，确保实验室或检查室的环境安静，以减少外界噪声的干扰。关闭任何可能产生噪声的器械或设备。

（2）保持正确的姿势：受试者应解开上衣，坐直并面向亮处坐好。检查者应端坐，并将双腿并拢放在受试者的左侧或右侧。这样的姿势可以让检查者更好地听到心音，并便于触诊。

（3）使用合适的听诊器：选择合适的听诊器，如传统的双头听诊器或电子听诊器。确保听诊器的耳塞和膜片的清洁并完好无损。

（4）确保温暖的环境：确保实验室或检查室的温度适宜，避免受试者因寒冷而发生肌肉抖动或颤抖，影响听诊结果。

(5) 仔细观察心尖冲动：在找寻心音听诊区前，仔细观察受试者的心尖冲动的位置和范围是否正常。通过视觉或手触诊的方式来判断冲动的位置和大小。

(6) 逐步进行听诊：根据图示或指引，逐步进行听诊，依次找到二尖瓣听诊区、肺动脉瓣听诊区、主动脉瓣听诊区、主动脉瓣第二听诊区和三尖瓣听诊区。将听诊器正确放置在相应区域，并仔细倾听心音。

(7) 调整听诊器的压力：根据需要，调整听诊器在受试者皮肤上的压力，以获取清晰而准确的心音听诊结果。注意，过大的压力可能会压迫血流，影响听诊效果。

(8) 结合其他检查：与听诊结合使用其他检查方法，如心电图或超声心动图，以提高对心脏功能的综合评估。

【作业】

(1) 各心音的听诊区是否就是其瓣膜解剖位置在胸壁上的投影点？
(2) 简述第一心音、第二心音的产生机制及它们与心脏泵血过程的关系。
(3) 心音听诊有何临床意义？

实验五　人体心电图描记

【目的】

通过本实验了解人体正常心电图各波的波形及其生理意义，学习心电图机的使用方法和心电图波形的测量方法。

【原理】

心脏在收缩之前，首先发生电位变化。心电由心脏的起搏点——窦房结开始，经传导系统到达心室肌，并引起心肌的收缩。心脏犹如一个悬浮于容积导体中的发电机，其综合电位变化可通过体内组织和体液这一容积导体反映在体表。

用体表电极所引导的这种电位变化,经心电图机的放大和记录,成为心电图。心电图可以反映心脏内综合性电位变化的发生、传导和消失过程,但与心脏的机械收缩活动无直接关系。正常人心电图包括P、QRS、T 3个波形。P波表示心房去极化,QRS波群表示心室去极化,T波表示心室复极化。

【器材】

心电图机、诊断床、导电糊、酒精棉球。

【步骤】

(1)熟悉心电图机的基本结构与使用性能。心电图机的型号繁多,样式各异,但基本结构相似,有3个主要部件:①电流计,可以反映心脏不断变化的电流;②放大器,可以将心脏兴奋时的微弱电流加以放大,再引入电流计,以便记录或观察;③记录装置,一般采用热笔直接描记,将电流计中测出的电流在心电图纸上记录出来。

心电图机的主要控制旋钮及其作用如下。①导联选择开关:作为选择导联使用,一般有Ⅰ、Ⅱ、Ⅲ、aVR、aVL、aVF、V1、V2、V3、V4、V5、V6数挡。②记录开关:一般分为3个挡,即"准备""观察"和"记录"。在"准备"时,热笔电源切断,放大器输入封闭,热笔不偏转;在"观察"时,热笔接通电源,放大器开放,热笔偏转;在"记录"时,开始走纸。使用前后及变换导联时,应置于"准备"挡。③定标电压钮:按压此钮可得到方形标准电压。④衰减开关:分"2""1"和"1/2"挡。一般将"1"挡按下。按下"1/2"挡时,灵敏度减小一半。"1"挡时,1mV定标电压偏转10mm。⑤走纸变速开关: 般有25mm/s和50mm/s两挡,多选用25mm/s。⑥基线调节钮:旋动此钮时,基线上下移动,一般将描笔置于中间位置。⑦热笔温度调节:可调节热笔的温度,顺时针转动使温度升高。此外,还有电源插孔和地线插孔。心电图机必须良好接地,以避免交流电干扰,保护受试者安全。

(2)按上述要求将心电图机面板上各控制按钮置于适当位置,在妥善接地后心电图机接通电源,预热5~20min,同时令受试者安静平卧于诊断床,全身肌肉放松。

(3)安放电极,连接导联线。先用酒精棉球对准备安放电极的部位进行脱脂处理,再涂上导电糊,以减少皮肤电阻。电极应安放在肌肉较少的部位,一般应在两臂的腕关节上方(屈侧)约 3cm 处,两腿的小腿下段内踝上方约 3cm 处。然后夹上电极夹。务必使电极夹与皮肤接触严密,以防干扰和基线漂移。之后,正确连接导联线。一般有 5 种不同颜色的导联线插头与身体相应部位的电极相连,上肢左黄、右红,下肢左绿、右黑,胸白。胸部常用电极有 6 个,其位置如图 2-5-1 所示。

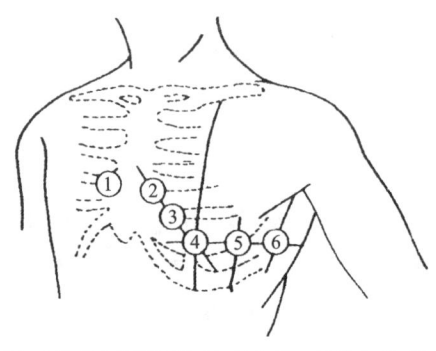

①胸骨右缘第四肋间;②胸骨左缘第四肋间;③为②～④的中点;④左锁骨中线与第五肋间交点;⑤为④水平与左腋前线交点;⑥为④水平与左腋中线交点。

图 2-5-1 胸导联的探测电极安放位置示意图

(4)调节基线,旋动基线调节钮,使基线位于中间。再输入标准电压,重复按动 1mV 定标电压按钮,调节灵敏度(或增益)旋钮,使标准方波上升 10mm,开动记录开关,描记标准电压曲线。

(5)记录心电图,将"导联选择"分别拨到Ⅰ、Ⅱ、Ⅲ、aVR、aVL、aVF、V1～V6,逐一记录各导联上的心电图。标准Ⅰ、Ⅱ、Ⅲ导联或称为双极肢导联。Einthoven 规定Ⅰ导联为右臂-左臂、Ⅱ导联为右臂-左足、Ⅲ导联为左臂-左足之间所引导的记录。胸(V)导联的接法系由右臂、左臂、左足 3 个连线各接-5kΩ的电阻,然后连接在一起作为参考电极(又称为 Wilson 中心电站),探测电极分别置于 V1～V6 诸位置。标准导联记录的是心动周期中,心电活动分别在各导联线的投影,而 V 导联所引导的则为所在处体表下心室表面的电位变化。如果以 Wilson 中心电站为参考电极,探测电极在相应的肢体上,则称为单极肢体导联。因记录的电位很小,故将中心电站中所探测的导联线取消,再将探测电极置于相应的肢体,可提高记录电压 1.5 倍,而图像不变。此种导联称为单极加压肢体导联,分别以 aVR(右臂)、aVL(左臂)、aVF(左足)表示,以资区别。标准导联所记录的心电图图形如图 2-5-2 所示。

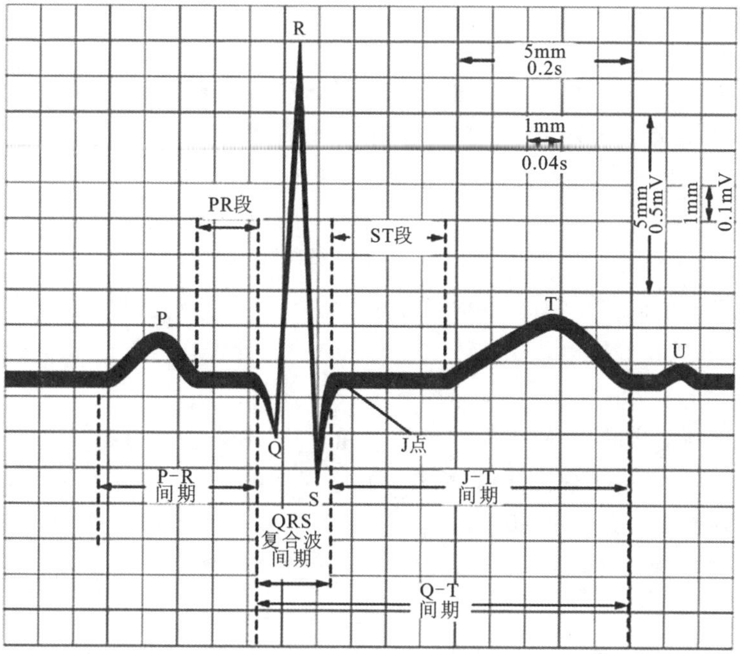

图 2-5-2　标准导联心电图图形

(6) 实验完毕,将心电图机面板上各控制旋钮转回原处,切断电源。取下电极,擦净电极夹。

(7) 心电图测量与计算。①波幅测量凡向上(正波)的波幅应从基线的上沿量到波的顶点,负波(基线以下的)则应从基线的下沿量到波的最低点。若标准电压为 1mV/10mm,则心电图上 1mm 代表 0.1mV。②心电图间期的测量表 0.04s。P-P 间期即两个 P 波之间的时间,代表一个心动周期的时间过程,可用来计算心率。也可用 R-R 间期来计算心率。由于 R 波峰较高尖,易于判定,故多用。一般心电图记录时的走纸速度为 25mm/s,每一小格代 60 心率=60/P-P 间期(s)或 R-R 间期。③P-R 间期(或 P-Q 间期)是从 P 波开始到 R 或 Q 波开始的间期,代表兴奋从心房传到心室的时间,正常为 0.12~0.2s。

S-T 间期为 QRS 波终了到 T 波起点,代表心室完全去极化持续时间,此段通常位于零电位线,持续时间 0.05~0.15s,视心率快慢而定。

Q-T 间期为 Q 波开始到 T 波结束,代表心室去极化到复极化的时间。

【注意事项】

(1)实验室环境:确保实验室环境安静、整洁,没有干扰性的噪音和电磁干扰。关闭可能产生噪声或干扰的设备,如手机、电视等。

(2)正确使用心电图机:在进行心电图波形测量之前,熟悉并掌握心电图机的正确使用方法。了解如何连接电极、正确放置电极和导联带,并掌握心电图机各个按钮和菜单的操作方法。

(3)准备电极和患者:确保电极接触面洁净、干燥。清洁患者的皮肤,以确保电极与皮肤的良好接触。保持受试者舒适、放松,并告知他们在测量过程中保持静止。

(4)选择适当的导联:根据实验需要和目的,选择适当的导联进行测量。确保导联与心电图机正确连接,并检查导联电缆是否正常。

(5)观察和记录波形:观察心电图机屏幕上显示的波形图,注意波形的形态、振幅和时间间隔等特征。根据心电图的标准图形,识别和记录各个波形,如 P 波、QRS 波群和 T 波,并了解它们的生理意义。

(6)测量参数:使用心电图机的测量功能,测量和记录各个波形的特征参数,如心率、P-R 间期、QRS 波群宽度和 ST 段变化等参数。确保使用正确的测量方法和单位,并将测量结果准确地记录在实验记录表中。

(7)结合临床分析:将实验结果与临床相关知识相结合,进行波形的分析和解释。了解心电图波形的生理意义,并讨论结果与正常范围的关系,以及可能存在的异常或潜在问题。

(8)安全操作:在实验过程中,遵循实验室的安全操作规范。确保正确使用设备和仪器,如心电图机和电极,以及合适的防护措施,如穿戴实验室衣物和手套等。

【作业】

(1)P-R 间期与 Q-T 间期的正常值与心率有什么关系?
(2)试用心肌细胞电位来解释心电图各波及间期的形成。

实验六 人体动脉血压的测定

血压是指血管内的血液对于单位面积血管壁的侧压力,即压强。血压的形成与心血管系统内的血液充盈、心脏射血、血管外周阻力,以及大动脉的弹性储器作用等有关。心室收缩时,主动脉压急剧升高,在收缩期的中期达到最高值,这个血压值称为收缩压;心室舒张时,主动脉压下降,在心舒张末期达到最低值,这个血压值称为舒张压。收缩压和舒张压的差值称为脉搏压,简称脉压。在一个心动周期中,动脉血压的平均值称平均动脉压,其大小约等于舒张压与1/3脉压之和。一般所说的动脉血压是指主动脉压。因为在大动脉中血压降落很小,故通常将在上臂测得的肱动脉血压代表主动脉压。我国健康青年人在安静状态时的收缩压为 100～120mmHg(13.3～16.0kPa),舒张压为 60～80mmHg(8.0～10.6kPa),脉压为 30～40mmHg(4.0～5.3kPa),平均动脉压约 100mmHg(13.3kPa)。动脉血压习惯以收缩压/舒张压 mmHg 表示,如 120/80mmHg。

【目的】

(1)掌握测定人体肱动脉收缩压与舒张压的原理和方法。
(2)观察运动对人体血压的影响。

【原理】

人体的动脉血压是用血压计与听诊器间接加以测定的,测量部位通常为上臂的肱动脉。一般采用 Korotkoff 听诊法,即根据从外部压住动脉所必需的压力来确定该动脉的血压,测出收缩压和舒张压。测量原理如图 2-6-1 所示,正常状态下血液在血管内流动并没有声音(动脉开放状态),如果血流经过狭窄处则形成涡流而发出声音。在上臂的肱动脉处,通过打气球给血压计的袖带加压,当外加压力超过肱动脉的收缩压时,肱动脉的血流被完全阻断,此时在肱动脉处用听诊器听不到任何声音(动脉关闭状态)。逐渐通过打气球放气,使袖带压力下降,当外加压力低于动脉内的收缩压而高于舒张压时,则心脏收缩时动脉内血液可断续地通过受压血管狭窄处,形成涡流而发出声音,此时可用听诊器听见血液流动的声音(动脉正在开放)。继续放气,当外加压力等于或小于舒张压时,则血管内的血流又能够通畅地通过,使血流声音音调突变以至消失,此时用听诊器听不到任何声音(动脉开放状态)。因此,当完全阻断血流时所必需的最小管外压力(即听见第一次声音时)相当于收缩压,而允许血流正常通过血管时的最大管外压力(即声音刚发生突变或消失时)则相当于舒张压。

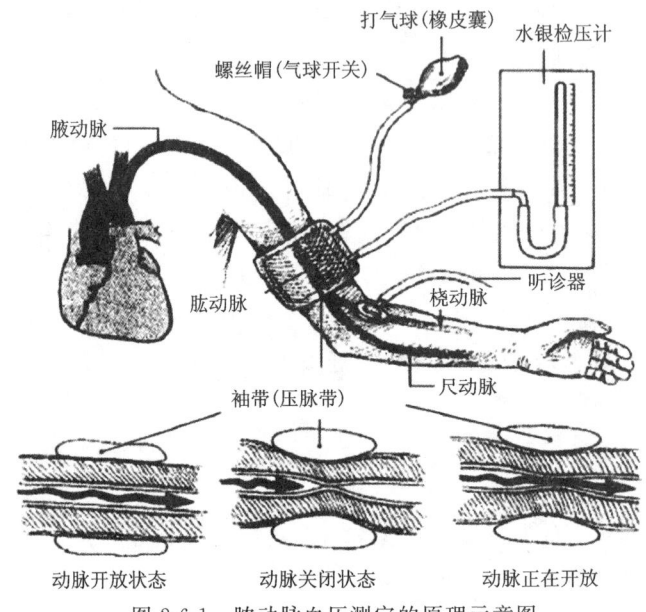

图 2-6-1 肱动脉血压测定的原理示意图

【器材】

听诊器,血压计(台式血压计或汞柱式血压计)。

【步骤】

1. 了解台式血压计或汞柱式血压计的构造

台式血压计或汞柱式血压计由检压计、袖带和打气球 3 个部分组成

(图 2-6-2)。检压计是一个标有 0~260mmHg(或 0~300mmHg)刻度的玻璃管,现在生产的血压计,其刻度一边是以 mmHg 为单位,另一边是以 kPa 为单位进行标度,上端通大气,下端和水银储罐(储存有水银)相通,此处有一开关,可防止罐内水银溢出。袖带(也称压脉带)是一个外包布套的长方形橡皮囊,借橡皮管分别和检压计的水银储槽及打气球相通。打气球是一个带有螺丝帽的橄榄球状橡皮囊,螺丝帽的拧紧和放松分别用于充气或放气。

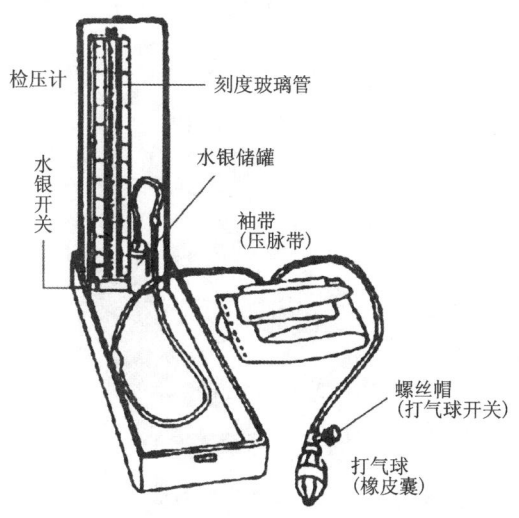

图 2-6-2　台式血压计或汞柱式血压计的构造模式图

2. 测量动脉血压的操作方法

(1)让受试者脱去一臂上衣,静坐桌旁 5min 以上。

(2)将血压计平放在桌上,打开血压计呈 90°。松开打气球的螺丝帽,挤压出袖带内的残留空气后,将打气球的螺丝帽旋紧。打开检压计与水银储罐之间的开关。

(3)让受试者前臂平放于桌上,肘部置于心尖同一水平,手掌向上,使前臂与心脏位置等高。将袖带缠在该上臂,袖带下缘至少位于肘关节上 2cm,松紧需适宜,一般以插入 2 根手指为宜(图 2-6-3)。

(4)将听诊器两耳器塞入外耳道,务必使耳器的弯曲方向与外耳道一致。

(5)在肘窝内侧,检查者先用手指触及肱动脉脉搏所在位置,将听诊器胸件放于上面,用手固定住胸件位置。

(6)依次捏、松打气球,注意观察血压计的检压计玻璃管刻度,使水银柱升至200mmHg左右。

(7)缓慢打开螺丝帽(打气球开关)少许,观察检压计的玻璃管刻度,以使水银柱缓慢下降为宜。当听到第一声动脉音和动脉音突然明显减小或消失时,即分别记录为收缩压和舒张压。

(8)检测完毕后,关闭检压计与水银储罐之间的开关,并收好血压计。

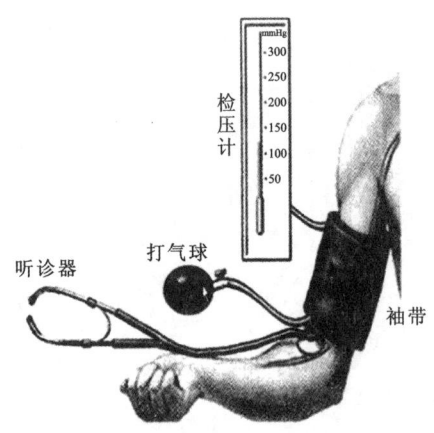

图 2-6-3 人体动脉血压测量示意图

3. 测定血压

(1)收缩压:用打气球将空气打入袖带的橡皮囊内,使血压计上水银柱逐渐上升到听诊器内听不到声音后,再继续打气使水银柱上升 20mmHg 左右(2.66kPa)(一般打气至 150～180mmHg,即 19.95～23.94kPa,最高不超过 200mmHg)。随即缓慢松开打气球开关,使橡皮囊内的气体缓慢放出,逐渐减小橡皮囊内的压力,水银柱会缓慢下降,同时仔细听诊,在听到第一声"嗒"(第一声动脉音)时,血压计上所示刻度即代表收缩压。

(2)舒张压:继续缓慢放气,这时声音有系列的变化,先由低到高,而后由高突然变低,最后完全消失。在声音由高突然变低的这一瞬间(有时声音突然消失),血压表上所示水银柱刻度即代表舒张压。如声音突然变低不明确,以声音突然消失的数值代表舒张压(两者相差 5～10mmHg,即 0.66～1.33kPa)。必要时可同时记录这两个数据。

(3)血压的记录和结果认定:至少应测量 2 次血压,间隔 1~2min,如收缩压或舒张压 2 次读数相差 5mmHg 以上,应再次测量,以 3 次读数的平均值作为测量结果。血压记录常用收缩压/舒张压表示。血压的国际单位为 kPa,1mmHg＝0.133kPa。

(4)运动后的血压变化:把连在袖带上的橡皮管接头拆开,被检查者就地做立正—下蹲(同时两手向前平伸)—立正的反复动作,按每秒下蹲一次的速度,蹲 50 次左右,运动完毕后立即坐定,迅速按前述方法测量血压。

【注意事项】

(1)室内必须保持安静,以利听诊。

(2)听诊器的耳件方向与检查者外耳道方向应一致,即耳件的弯曲方向应向前上方。

(3)水银储罐与水银柱之间有一开关,测定血压时要打开开关,测定完毕后应及时关闭开关,以免水银外溢,使仪器遭损,污染环境。

(4)上臂位置应与心脏同高。

(5)血压计袖带应缚在肘窝以上约 2cm,袖带不宜太紧或太松,以能放入 2 个手指为宜。

(6)听诊器胸件应放在袖带下方有肱动脉搏动的位置上,不能放在袖带底下进行测量。胸件的放置不宜太紧或太松。

(7)动脉血压的测定要准确、迅速地在 1~2min 内完成,否则易使被测量者产生不适感。但整个过程不宜太快,以免打气时水银喷出,放气时又不能准确判断听诊器中的声音变化及其与水银柱高度之间的关联。

(8)如需重复测定,须将袖带内的空气放尽,使压力降至零(水银柱到零),而后再加压测定,以免静脉回流不畅。

(9)发现血压超出正常范围时,应让受试者休息 10min 后复测。

【作业】

轻度运动后血压发生什么变化?试分析其变化的可能机制。

实验七 肺功能的测定

【目的】

学习应用肺活量计测定正常人体肺容量和肺通气量的基本实验方法;掌握人体潮气量、肺活量、用力呼气量等的正常值。

【原理】

肺的主要功能是进行气体交换,肺内气体与外界大气不断进行交换,吸入氧气、排出二氧化碳,以维持内环境中氧气、二氧化碳浓度的相对稳定,保证细胞新陈代谢的正常进行。肺通气是指体进出肺的过程,肺容量是指肺容纳的气体量,而肺通气量是指单位时间内吸入或呼出的气量。潮气量、肺活量、用力呼气量等在一定程度上可反映肺的容量和通气功能。因此,潮气量、肺活量、用力呼气量等的测定可作为衡量肺功能的重要指标。

【器材】

肺活量计、盛冷开水的塑料盒、橡皮吹嘴、鼻夹、氧气、钠石灰、墨水、碘伏棉球。

【步骤】

1. 肺活量计的构造及使用方法

肺活量计主要由一对套在一起的圆筒所组成:外筒是装清水的水槽,槽底有排水阀门可以放水,水槽中央有进气管,管的上端露出水面,管下端有通向槽外的三通阀门,呼、吸气体即经此出入。内筒为倒置于水槽中的浮筒,可随呼吸气体的进出而升降。肺活量计顶部有进气接头,可由此向筒内充入气体;浮筒容量为 6~8L,一般为铝制,质量较轻;筒顶连有细钢丝绳,通过滑轮架在另一端悬一平衡锤,锤的质量恰能与浮筒的质量相平衡。当三通阀门开放时,呼吸气可经通气管进出肺活量计,浮筒即随之上下移动,根据浮筒的升降从刻度标尺上可读出气体容量,并由描笔记录在专用记录纸上。专用记录纸上印有表示容积的直格和表示走纸速度的横格,一般一个小直格为 100mL,一横格为 25mm。

2. 实验准备

(1)将仪器水平放置,支架插入支架座内,吊丝经滑轮与浮筒顶部的调节螺帽固定。

(2)调节水平调节盘,使肺活量计的内筒、外筒不相接触,能自由升降。

(3)肺活量计内装入适量清水,调节螺帽,使肺活量计不充气时记录笔尖处于零位。

(4)在肺活量计的二氧化碳吸收器中装入钠石灰。

(5)打开肺活量计的进气接头,使筒内充满空气(或氧气)4~5L,然后关闭接头。

(6)装好记录纸,记录笔中灌足墨水,并与记录纸接触,整机接上电源。

(7)受试者闭目静立(或坐),口中衔好用碘伏棉球消毒过的橡皮吹嘴,并用鼻夹夹鼻,练习用口呼吸 2~3min。

(8)打开电源开关和记录开关,用 50mm/min(1 横格/30s)的走纸速度描记呼吸曲线。

【观察项】

(1)潮气量被测者静坐(或静立),平静呼吸,描记正常呼吸曲线 30s,计算 5 次吸入或呼出气量的平均值。

(2)补吸气量平静呼吸数次后,在一次平静吸气末,再继续吸气直至不能再吸气为止,所吸的气量(小直格数×100mL)即为补吸气量。

(3)补呼气量平静呼吸数次后,在一次平静呼气末再继续呼气直至不能再呼气为止,所呼出的气量即为补呼气量。

(4) 肺活量 平静呼吸数次后,受试者尽力做最大吸气后,作最大限度的呼气,所呼出的气量即为肺活量。重复2~3次,取最大一次的肺活量记录。

(5) 用力呼气量 平静呼吸数次后,受试者做最大限度的吸气,在吸气末屏气1~2s,同时改为25mm/s走纸速度描记,然后让受试者以最快速度用力深呼气,直至不能再呼为止。从记录纸上读出呼气第1s、第2s和第3s末所呼出的气量,分别计算出它们占全部呼出气量的百分比即为用力呼气量(图2-7-1)。

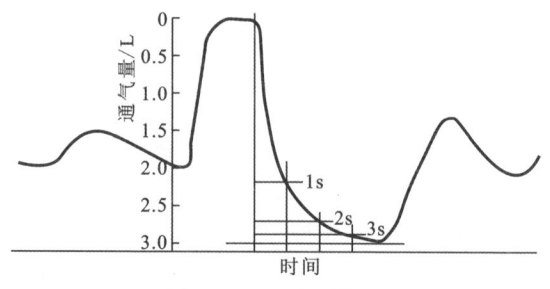

图2-7-1 用力呼气量

(6) 肺的通气量。

每分通气量:每分通气量＝潮气量×呼吸频率。

最大通气量:受试者站立,先进行平静呼吸数次后,按主试者口令,在15s内尽力做最深最快呼吸,用50mm/min的走纸速度描记呼吸曲线,15s内吸入或呼出的总气量乘以4即为最大通气量。

通气贮量百分比:根据受试者的每分通气量和最大通气量,按下列公式计算:

$$通气贮量百分比＝(最大通气量－每分通气量)\div 最大通气量\times 100\%$$

(2-7-1)

【注意事项】

(1) 肺活量计中的水应在实验前4h灌足,使水温与室温相平衡。橡皮吹嘴在实验前需用碘伏棉球消毒后,浸于冷开水中备用。更换受试者时,应重新消毒。

(2) 每次测定前受试者都应练习几次,测定时受试者不应看着描笔呼吸。

(3) 钠石灰变为黄色即不宜使用。

(4)测定时应注意防止从鼻孔或口角漏气,以免影响测定结果。

【思考题】

(1)填写以下记录表(表2-7-1),据各项指标的正常值,判断受试者的肺通气功能是否正常。

表 2-7-1 肺通气功能记录表

姓名： 性别： 年龄： 实验时间：

参数		测定值		正常值	备注
肺容量	潮气量/mL			400～600	
	补吸气量/mL			1500～2000	
	补呼气量/mL			900～1200	
	肺活量/mL			3500(男)、2500(女)	
	用力呼气量/%	第1s末：	第1s末：	83	
		第2s末：	第2s末：	96	
		第3s末：	第3s末：	99	
肺的通气量	每分通气量/(L·min^{-1})			6～9	
	最大通气量/(L·min^{-1})			120～150	
	通气贮量百分比/%			≥93	

(2)潮气量的测定为什么要取平均值？肺活量的测定为什么要取最大值？

(3)肺活量的测定有何意义？与时间肺活量的测定的意义有何不同？

(4)测定最大通气量和通气贮量百分比各有何意义？测定最大通气量时,为什么只进行15s深呼吸而不是1min？

实验八　呼吸音的听诊

【背景】

肺通气的动力须克服肺通气的阻力,才能实现肺通气。肺通气的阻力有两种:一种是弹性阻力,包括肺的弹性阻力和胸廓的弹性阻力,是平静呼吸时的主要阻力,约占总通气阻力的70%;另一种是非弹性阻力,包括气道阻力、惯性阻力和组织的黏滞阻力,约占总通气阻力的30%,其中以气道阻力为主,为气体流经呼吸道时气体分子间和气体分子与气道壁之间的摩擦所产生,由此产生的声音随呼吸发生周期性变化。

【目的】

(1)掌握听诊器使用的方法及注意事项。
(2)初步掌握几种正常呼吸音的类型、特点及分布,为临床呼吸音听诊奠定基础。

【原理】

正常的呼吸音包括:
(1)气管呼吸音:是空气进出气管所产生的声音,于胸外气管上面可闻及,因不能说明临床上的问题,一般不予评价。
(2)支气管呼吸音:因吸气时声门宽,进气较快,而呼气时声门较窄,出气较慢,导致空气在声门、气管或支气管形成湍流而产生的声音。该声音为将舌抬高接近上腭经口呼气时发生的"哈——"音,此种呼吸音较强、音调高,吸气时相较短,呼气时相较长,呼气音较弱,吸气时相和呼气时相之间有短暂间隙。支气管呼吸音常分布于正常人的喉部、胸骨上窝、背部第6、7颈椎及第1、2胸椎附近。
(3)肺泡呼吸音:吸气时空气进入肺泡,肺泡壁由松弛变为紧张状态,呼气时肺泡又由紧张变为松弛状态,这种肺泡弹性的变化和气流振动产生的声音就是肺泡呼吸音。该声音的特点为,呈叹息样或柔和吹风样的"fu——"音,吸气音较强、音调高,吸气时相较长。男性较女性强,儿童较老人强,瘦长体型者较矮胖者强。依听诊部位,乳房下部与肩胛下部最强,腋窝下部次之,肺尖与近肺下缘区域较弱。

(4)支气管肺泡呼吸音:为兼有支气管呼吸音和肺泡呼吸音特点的混合性呼吸音。吸气音与正常肺泡呼吸音相似,但音响调高;呼气音则与支气管呼吸音相似,但音弱调低。该声音与吸呼时相相同,吸呼之间的间隙短暂。支气管肺泡呼吸音主要分布于正常人胸骨两侧第1、2肋间隙,肩胛间区第3、4胸椎水平及肺尖前后部。

【实验对象】

人。

【器材与药品】

听诊器。

【方法与步骤】

(1)听诊器的听诊方法。使用听诊器时,将弯曲金属管的凹面向前,将耳件放在两耳的外耳道,胸件有钟型与膜型两种,钟型胸件适用于小区域检查及听取低调声音,膜型胸件适用于听取深部病变及高调声音。

(2)听诊顺序。受检者解开上衣,充分暴露胸背部,稍张口做均匀而稍深的呼吸,必要时做深呼吸或咳嗽。检查者自肺尖开始,由上而下,按前胸→侧胸→背部的顺序沿肋间进行听诊。要进行两侧对称部位的对照比较听诊。

前胸:肺尖(锁骨上窝)听一处,每个前肋间隙听两处以上,到第6肋间。

侧胸:每个肋间隙听一处,到第8肋间。

背部:肺尖(肩胛上区)及肩胛间区听一处,肩胛下区每个肋间隙听两处以上,到第10肋间。

(3)呼吸音的分布及特点(图2-8-1)。

支气管呼吸音:于喉部、胸骨上窝,背部第6、7颈椎及第1、2胸椎附近可听及,很像把舌头抬高呼气时所发出的"哈——"音。由于呼气时声门裂隙较吸气时窄,因此呼气音较吸气音时相长,且音调高。

肺泡呼吸音:在大部分肺叶内均可闻及,为一种叹息样或柔和吹风样的"fu"声。吸气时音调较高,音响较强,时相较长;呼气时音调较低,音响较弱,时相较短。肺泡呼吸音的强弱与呼吸运动的深浅、肺组织的弹性、胸壁的厚薄等因素有关。肺组织较多而肌肉较薄的部位(如前胸上部),肺泡呼吸音较强;肥胖者的呼吸音较弱。

支气管肺泡呼吸音:于胸骨两侧第1、2肋间隙,肩胛区第3、4胸椎水平以及肺尖前后部可听到。吸气相和呼气相长度大致相同:吸气音的性质与肺泡呼吸音相似,但音调较高且较响亮;呼气音的性质则与支气管呼吸音相似,但音调较低且强度较弱。

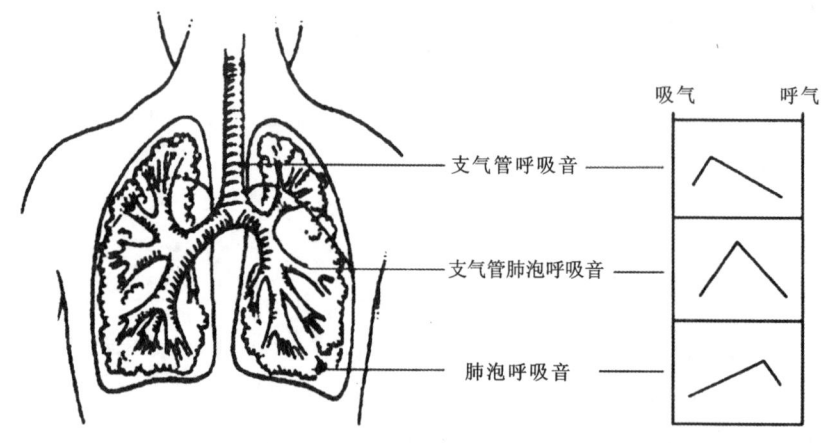

图2-8-1　呼吸音的分布及特点

(4)语音共振重复发"噫——"长音,同时在胸部对称部位听诊,正常可听到柔而模糊的声音,音节不能分辨。

【注意事项】

(1)诊查室内必须安静,避免嘈杂声音影响听诊。

(2)室内要温暖,听诊器的胸件在使用前应保持温暖,因寒冷可引起肌肉震颤而影响听诊。要解开衣服,将检查部位适当暴露,并采取舒适体位,使其全身肌肉松弛,以便进行听诊。

(3)听诊应沿肋间进行,并在左、右对称部位对比听诊,每处均应至少听一个完整的呼吸周期。

(4)听诊者要采取适宜方便的位置进行听诊,用手持听诊器的胸件,紧贴于听诊部位,避免缝隙漏气或因摩擦而产生杂音,不可施加过度的压力。

(5)集中注意力听取检查器官所发出的声音,辨别外来的杂音。

(6)可在需要时做"深呼吸、恢复平静呼吸、双手叉腰、转身或双手交叉抱肩"等动作以方便检查。

实验九 基础代谢的测定

【目的】

(1)初步掌握基础代谢测定原理与方法。
(2)了解基础代谢的生理意义。

【原理】

基础代谢是指机体在清晨、清醒、静卧以及未作肌肉活动,前夜睡眠好,测定时无精神紧张,测定前至少禁食12h,室温保持在20~25℃时的能量代谢。根据能量守恒定律,可以利用机体在单位时间内的产热量为指标,反映机体的能量代谢。常用两类方法:直接测热法与间接测热法。直接测热法是指在一特殊的检测环境中,收集总热量的方法;间接测热法利用机体能量代谢与二氧化碳产生量和消耗氧气量之间的特定关系,测定人体内氧耗量,再根据呼吸商和氧热价,间接推算出产热量。氧耗量的测定可分为开放式测定法和闭合式测定法,后者简单易行且在临床上应用较多,故本实验采用闭合式测定法测出氧耗量,应用简化法计算基础代谢率。

【实验对象】

人。

【实验器材与药品】

基础代谢仪(或单筒肺量计)、温度计、气压计、体重计、身长计;口瓣、鼻夹、氧气、钠石灰、诊察床、橡皮吹嘴;75%酒精溶液。

【实验步骤与计算】

1)测定步骤

(1)受试者准备和环境准备:受试者于实验前12h内禁食。测定前先静卧于诊察床上20～30min,保持清醒、安静、肌肉放松,室温保持18～25℃。

(2)准备好实验装置:基础代谢测定仪种类很多,但测定基本原理相同。实验前先将粗块钠石灰和水装好,将浮筒倒扣在水槽中,并且向水槽内注入适量清水,以浮筒漂游至高点的底线为宜。调整平衡键的位置,使得浮筒轻轻地浮于水槽中。把记录纸贴在记纹鼓上,向描笔及时间记号电磁标笔尖加入墨水并调好笔尖位置以便描记。仪器的侧面有进、出气管,进气管通到钠石灰的金属筛网底部,呼出气体所含有的二氧化碳被钠石灰吸收。关闭呼气出口,向筒内注入5L氧气,关闭阀门,检查整个仪器是否漏气。

(3)衔夹口瓣、鼻夹口瓣用酒精棉球消毒后,令被试者衔于口中,并夹好鼻夹,让受试者用口呼吸。

(4)接三通活塞并记录待受试者呼吸平稳后,在呼气末扭转三通活塞使受试者呼吸浮筒内的氧气。同时开动记纹鼓描记呼吸曲线,记录时间和水槽内的温度。

(5)撤除装置:实验进行6min或10min,同样于呼气末扭转三通活塞使口瓣与外界相通,取出口瓣,除去鼻夹,实验结束。

2)计算基础代谢率

(1)分析记录纸、计算氧耗量:取下呼吸曲线记录纸,从记录纸上的格数直接读出 6min 内肺量计浮筒中氧气的减少量,即为受试者 6min 的氧耗量(非标准状态)。记录大气压及仪器内气体的温度。将测得的 6min 氧耗量乘以 10 即得每小时的氧耗量。根据公式计算标准状态下的氧耗量：

$$V_o = k \times V_t \qquad (2\text{-}9\text{-}1)$$

式中:V_o 为标准状态下的氧耗量;V_t 为实验时测得的氧耗量;k 为标准状态气体换算系数,由附录可查到。

(2)计算每小时产热量:根据呼吸商及氧热价即可算出每小时产热量。一般混合膳食,基础状态下的呼吸商按 0.82 计算,氧热价为 4.825kcal/L。

$$每小时产热量 = 4.825 \times 氧耗量 \qquad (2\text{-}9\text{-}2)$$

(3)计算体表面积:测定受试者的体重、身高,用公式算出体表面积。

体表面积(m^2)＝0.006 1×身高(cm)＋0.012 8×体重(kg)－0.152 9

$$(2\text{-}9\text{-}3)$$

(4)计算基础代谢率实测值：

基础代谢值[kJ/(m^2·h)]＝每小时产热量(kJ/h)÷体表面积(m^2)

$$(2\text{-}9\text{-}4)$$

(5)计算基础代谢率:基础代谢率有两种表示方式。一种为绝对值,通常以每平方米体表面积每小时的产热量来表示;另一种为相对值,即计算出的基础代谢率的值与同性别、同年龄的正常基础代谢平均值(表 2-9-1)比较,求出基础代谢率。

基础代谢率＝(基础代谢实测值－正常基础代谢平均值)÷
正常基础代谢平均值×100%(一般来说,±15%以内可视为正常)

$$(2\text{-}9\text{-}5)$$

表 2-9-1　正常人的基础代谢平均值　　　　单位:kcal/(m^2·h)

性别	11～15 岁	16～17 岁	18～19 岁	20～30 岁	31～40 岁	41～50 岁	51 岁及以上
男性	46.7	46.2	39.7	37.7	37.9	36.8	35.6
女性	41.2	43.4	36.8	35.0	35.1	34.0	33.1

注:1kcal＝4.19kJ。

【注意事项】

(1)必须在基础状态下测定。

(2)实验前应熟悉仪器的使用方法。尤其应注意三通活塞的位置,接通三通开关后,被试者应感觉到呼吸通道通畅,否则可能是管道堵塞或钠石灰失效(钠石灰变色)等原因所致。

(3)实验前应检查实验仪器有无漏气、漏水。仪器静止时如果浮筒下降,表示仪器有漏气;如果开始记录后,呼吸曲线水平下降很快,可能是被试者鼻孔或者嘴角漏气。

【思考题】

(1)测定基础代谢的基本原理是什么?有什么意义?
(2)基础代谢与哪些因素有关?
(3)进行基础代谢测定时应该注意什么问题?

实验十 体温的测量

【目的和原理】

体温是指人体深部的平均温度。实际工作中通常用测量直肠、口腔或腋窝的温度来代表体温。人的体温是相对恒定的,肌肉活动后体温可略有升高。本实验要求掌握人体温的正确测量方法。

【实验对象】

人。

【实验用品】

水银体温计(口表、腋表)、75%乙醇棉球、消毒纱布。

【实验步骤】

1. 水银体温计的结构及使用注意事项

水银体温计是由一根标有刻度的真空玻璃毛细管构成,其下端储有水银。水银遇热膨胀,沿毛细管上升,可从毛细管上的刻度读取实验温度。在水银端与毛细管的连接处有一狭窄结构,可防止上升的水银在体温计离开体表后遇冷下降。水银体温计分为口表、腋表和肛表3种。口表的水银端细而长;腋表的水银端扁而长;肛表的水银端粗而短。

测量体温前,应将水银体温计的水银甩至此35℃以下,甩动时不要碰撞其他物品,以免破碎。进食冷、热饮后,不要马上测量口温;测腋温时应保持腋窝干燥无汗,且腋窝不能刚用热或冷的毛巾擦拭过。读取温度时,手持毛细管一端,不要触及水银端。

2. 测量体温

(1)口温测量方法:将浸泡于消毒液中的体温表取出,用乙醇棉球擦拭,纱布擦干,将水银柱甩至35℃以下,然后把口表水银端放在受检者舌下,闭口但勿用牙咬,用鼻呼吸。3min后取出,读取温度并记录。

(2)腋温测量方法:解开上衣,有汗时擦干腋窝,将体温表放在腋窝深处紧贴皮肤,屈臂内收夹紧体温表。10min后取出,读取温度并记录。

(3)比较运动前后的体温变化:受检者静坐10min后,按上述方法测量口温并记录。然后让受检者室外活动(跑步、打球、弹跳等)20min,接着立即测量口温并记录,与运动前体温比较。

【思考题】

(1)测定体温的部位有哪些?其正常值是多少?
(2)运动对体温有何影响?

实验十一　视敏度测定

【目的】

学习视敏度（视力）的测定方法并理解测定原理。

【原理】

视敏度（视力）是指眼对物体形态的精细辨别能力，通常用人所看清物体的最小视网膜像的大小来表示人眼的视力限度。一般来说人眼所能看清物体的最小视网膜像大小大致与视网膜中央凹处一个视锥细胞的平均直径相当。当视角为 $1'$ 时物体在视网膜上所成的像刚好可被辨认清楚。辨认清楚文字或图形所需要的最小视角是确定人的视敏度（视力）的依据。通常用来检查视敏度的视力表就是根据此原理制成的（图2-11-1）。视力为距离5m远处看清物体的视角。以往常用国际标准视力表来检查视力，该视力表有12行，由大小不同、开口方向各异的"E"字组成。当受试者站立在离视力表5m远处注视第10行图形时，整个字符形成的视角为 $5'$，其每一字画的宽度和每两笔画间空隙的宽度各形成 $1'$ 视角，所以如能正确辨认这一行的字符，就意味着此眼能分辨物体的最小视角大约等于 $1'$，也就是视力表规定能看清此行图形的视力为1.0，亦即此眼具有正常视力。比如，某人在5m远处，只能看清视力表第5行图形，因该图形缺口所形成的视角为 $2'$，则该人的视力为0.5。20世纪60年代中期我国缪天荣设计了一种对数视力表，共14行图形。其表示为视力=$5-\log a$，a 为在5m处能看清物体的视角。例如，某人在5m远处只能看清视角为 $1'$ 的图像 $\log 1 = 0$，则其视力为 $5-0=5.0$，此为标准视力。以此类推。

【实验对象】

人。

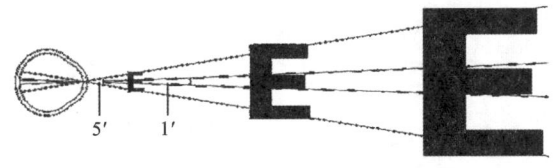

图 2-11-1　视力表原理

【实验器材】

国际标准视力表;指示棍、遮眼板、米尺;凸透镜。

【实验步骤及观察项目】

(1)环境准备:将视力表挂在光线均匀、充足的场所,视力表的高度适当。受试者站立或坐在距表 5m 远的地方。

(2)视敏度测定:令受试者自己用遮眼板遮住一眼,用另一眼看视力表。按测试者的指点说出表上图形缺口的方向。由表上端的大图形开始向下测试,直到测试到受试者能辨认清的最小的图形为止。表旁所注数字即为受试者的视力。若受试者对最上一行图形也不能辨认清楚,则令受试者向前移动,直到能辨清最上一行图形为止。测量受试者与视力表的距离(m),再按下述公式计算其视力:

受试者的视力＝受试者辨清最上一行图形时的实际最远距离(m)/50

(2-1-1)

这是因为最上一行图形所示视力是 0.1。也就是说,在 5m 远处该图形缺口所成视角是 $10'$,或者说,它在 50m 远处于眼前所成视角是 $1'$。根据这个原理,可计算出视力表上任一图形在任何距离能辨清图像时的视力。

(3)用同样的方法检查另一眼的视力。

(4)戴上凸透镜后检测给受试者一眼戴上一个凸透镜,再用同样的方法检查此眼的视力,观察其视力变化。令受试者向前走,观察走到何处才能看清戴镜前所能看清的最小图形。

【思考题】

当你拿到一张只剩下标定视力为 0.1 的图形视力表时,能否进行视力检查?如何检查?

实验十二　视野测定

【目的】

(1)学习视野的测定方法。
(2)测定正常人白、红、黄或蓝、绿各色视野。

【原理】

视野是指单眼固定地注视前方某一点不动时所能看到的空间范围。人脑接受来自视网膜的传入信息,进行分辨和整合后,可以看清楚视野内发光或反光物体的轮廓、形状、大小、颜色、远近和表面细节等情况。在相同亮度条件下,不同颜色视野的大小各不相同,这与面部结构和具有不同感光特性的感光细胞在视网膜上的分布有关。临床上检查视野有助于了解视网膜、视觉传导束和视觉中枢的病变。

【实验对象】

人。

【实验器材】

视野计;各色(白、红、黄或蓝、绿)视标;视野图纸、铅笔。

【实验步骤及观察项目】

(1)观察视野计的结构并熟悉它的使用方法(图 2-12-1)。

(2)测定视野。将视野计放置在光线充足处(对于某些具有光源视标的视野计,则按照仪器说明书的要求使用)。令受试者将下颌放在托颌架上,使受试眼眼眶下缘靠在眼眶托上。调整托颌架的高度,使受试眼恰与弧架的中心点位于同一水平面上。先将弧架摆在水平位置。遮住另一只眼,令受试眼注视弧架的中心点。实验者从周边向中央慢慢移动弧架上插有白色纸片的视标架,并询问受试者是否看到视标。当受试者回答看到时,就将视标移回一些,然后再向中央移,重复试一次。得出一致结果后,就将受试者刚能看到视标所在的点画在视野纸的相应经纬度上。用同样的方法测出弧架对侧刚能看见视标之点,画在视野图纸的相应经纬度上。如果视野计的后方附有随着视标移动的针尖,针尖能准确地指着安放在它对面的视野图纸的相应经纬度,则在每找到一个刚能看见视标之点时,将放视野图纸的分度盘向前一推,就能在视野图纸的相应经纬度上扎出一个记号。

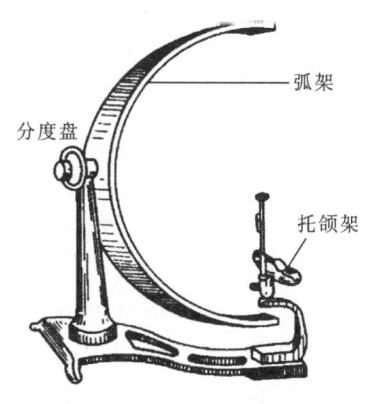

图 2-12-1　视野计

(3)测定视野范围将弧架转动 45°,重复上述操作步骤。如此转动 4 个方向,在视野图纸上得出 8 个点。将这 8 个点依次连接起来,就得出白色视野的范围。

(4)按照相同的操作方法,测定红、蓝、绿视觉的视野。使用具有光源视标的视野计在暗室测视野者,当用有色光标时,还需要注意亮光视野(此时尚不能认清颜色)和色觉视野是否一致。

(5)依同样的方法测定另一眼的视野。

【思考题】

为什么各种颜色视野不同?

实验十三　色觉检查

在人和大多数脊椎动物的视网膜中存在 2 种感光细胞,即视杆细胞和视锥细胞。视锥细胞对光的敏感性较差,只有在强光条件下才能被激活,但其重要的功能特点是具有辨别颜色的能力,且对被视物体的细节具有较高的分辨能力。颜色视觉是指对不同颜色的识别,即不同波长的光线作用于视网膜后在人脑引起不同的主观映象。正常视网膜可分辨波长在 380~760nm 之间的约 150 种不同的颜色,每种颜色都与一定波长的光线相对应。因此,在可见光谱的范围内,波长长度只要有 3~5nm 的增减,就可被视锥细胞分辨为不同的颜色。显然,视网膜中并不存在这么多种对不同波长的光线起反应的视锥细胞(或视色素)。三原色学说认为,在视网膜上分布有 3 种不同的视锥细胞,分别含有对红、绿、蓝 3 种光敏感的视色素。当某一波长的光线作用于视网膜时,可按一定的比例使 3 种视锥细胞分别产生不同程度的兴奋,这样的信息传至中枢,就产生某一种颜色的感受。三原色学说较合理地解释了色盲和色弱的发生机制。

【实验目的】

了解一种检查色觉的方法——色盲检查表法。

【实验原理】

色盲是指对光谱中某一(或某些)波长的光线不能辨别或辨别不够清楚。色觉是否正常通常用色盲检查表来检测。色觉正常者,可以正确无误地辨认出色盲检查表中的图形或数字,而色盲或色弱者则全部或部分不能认出,或认错。

【实验对象】

人。

【实验器材】

色盲检查表。

【方法与步骤】

将色盲检查表置于距眼 70~80cm 处,在充分的自然光线下,两眼一起辨认。每图辨认时间不得超过 10s。开始时,首先辨认第一页都能辨认的数字,以熟悉检查方法。然后再逐图辨认,辨认完全无误者为色觉正常;辨认错误者,将检查结果与色盲表上的判断说明进行对照,确定为哪种色盲或色弱。我国男子患红绿色盲者约 4%,女子约 0.5%;患全色盲者人数较少。

【注意事项】

每幅图辨认时间不得超过 10s。

【思考题】

如何判断色盲或色弱的类型?它们的产生机制有何不同?

实验十四 跟腱反射与膝跳反射

牵张反射是指骨骼肌受外力牵拉时引起受牵拉的同一肌肉收缩的反射活动。牵张反射有腱反射和肌紧张 2 种类型。腱反射是指快速牵拉肌腱时发生的牵张反射,例如膝跳反射,当叩击髌骨下方的股四头肌肌腱时,可引起股四头肌发生一次收缩。此外,属于腱反射的还有跟腱反射和肘反射等。腱反射的传入纤维直径较粗($12\sim20\mu m$),传导速度较快(90m/s 以上),反射的潜伏期很短(约 0.7ms),只够一次突触传递的时间延搁,因此腱反射是单突触反射。肌紧张是指缓慢牵拉肌腱时发生的牵张反射,表现为受牵拉的肌肉发生紧张性收缩,阻止被拉长。

【目的】

掌握腱反射的概念,跟腱反射与膝跳反射的检查方法。

【原理】

当肌腱受到快速牵拉时,受牵拉的同一肌肉迅速收缩,此反射活动即为腱反射。如果叩击跟腱,可引起腓肠肌收缩,足向跖面屈曲,称为跟腱反射(又称为踝反射),反射中枢位于骶髓1~2节。如果叩击股四头肌肌腱,可引起小腿伸展,称为膝跳反射,反射中枢位于腰髓2~4节。

【实验对象】

人。

【实验器材】

叩诊锤。

【方法与步骤】

(1)跟腱反射被检查者仰卧,髋及膝关节稍屈,下肢取外旋外展位。检查者左手将被检者足部背屈呈直角,以叩诊锤叩击跟腱,观察踝关节活动(图2-14-1)。

(2)膝跳反射被检查者取坐位,跷二郎腿,小腿自然下垂与大腿成直角。检查者以叩诊锤叩膝盖髌骨下方股四头肌肌腱,观察膝关节活动(图2-14-2)。

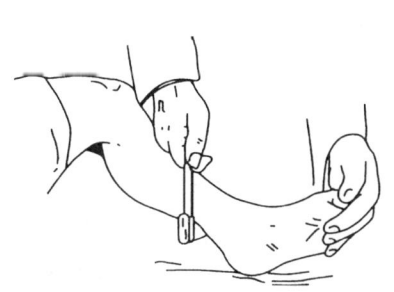 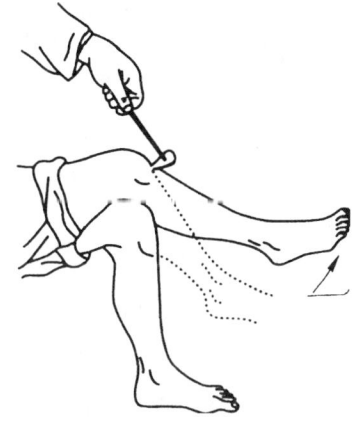

图 2-14-1　跟腱反射示意图　　图 2-14-2　膝跳反射示意图

【注意事项】

被检查者肢体肌肉须放松。检查者叩击力量要适中、均等。

【思考题】

试述检查跟腱反射和膝跳反射的临床意义。

实验十五　前庭功能检测

前庭功能是维持人体平衡的主要因素之一。前庭器负责前庭功能，位于内耳，包括 3 个半规管（外、前和后半规管）、椭圆囊和球囊。3 个半规管的壶腹部各有一壶腹嵴，椭圆囊和球囊中各有一囊斑，或称耳石器，这些都是前庭末梢感受器。3 个半规管司运动平衡（如走路、骑自行车、翻跟头），椭圆囊和球囊司静止平衡（如坐或立）。当人体平衡出现障碍时，如走路向一侧偏斜等，就需要做前庭功能检查，以确定前庭器有无疾病及其病变程度和性质。

【目的】

掌握前庭功能的常用检测方法及其临床意义。

【原理】

使半规管的内淋巴液发生流动,以刺激壶腹诱发前庭反应,这是半规管功能检查的基本原理。前庭功能检测则是以某些方法刺激前庭系统,观察其诱发的倾倒、眩晕、眼球震颤(简称为眼震)和自主神经系统反应等,一般以诱发性眼震作为判断标准。眼震是两眼球的一种不随意的、节律性的往返运动,由慢相和快相组成。慢相是眼球向某一个方向缓慢地转动,快相则为继慢相之后眼球迅速返回原位的运动。通常将快相定为眼震的方向。眼震是由于半规管的壶腹嵴和眼外肌之间有功能上的联系,前半规管壶腹嵴和同侧眼的上直肌及对侧眼的下斜肌相关联,后半规管壶腹和同侧眼的上斜肌及对侧眼的下直肌相关联,外半规管壶腹嵴和同侧眼的内直肌及对侧眼的外直肌相关联。同时,前庭上核、前庭下核和前庭内侧核发出纤维至内侧纵束,通过内侧纵束和眼肌的神经核相联系,这样就建立了一个反射弧。此反射弧能使眼肌对起自前庭及半规管的输入冲动产生反射性反应,即出现眼球震颤(简称眼震)。

【实验对象】

人。

【实验器材】

旋转椅,量角器,计时器。

【方法与步骤】

1. 前庭平衡功能检查

(1)闭目直立试验:又称罗姆伯格试验。受检者双眼闭合,双脚并拢直立,两手臂同时向两侧伸直平举至与肩平行。此时正常人能够保持姿势稳定。内耳迷路病变时,将向患侧偏倒,但头部转动时,偏倒的方向随头部而改变;小脑病变时,将向患侧或后方偏倒,但偏倒的方向不随头位的转动而改变。

(2)过指试验:检查者与受检者相向而坐,距离两手臂远,各伸出一手臂,伸出示指,其余四指握拳,以两人示指可以接触为宜。检查者手背向下,受检者手背向上。嘱受检者将手臂向上举起,再缓慢向下移动,上、下臂均应在肩关节矢状面上运动,避免内收和外展,以使示指接触检查者的示指。先睁眼测试,然后闭目测试,连续 3 次偏斜为异常。正常人睁眼、闭眼均能正确地接触检查者示指;内耳迷路病变时,闭眼不能正确接触检查者示指,受检者的双手示指均向患侧偏斜;小脑病变时,患侧示指向患侧偏斜,而健侧示指则能正确地接触检查者的示指。

(3)巴宾斯基-魏尔试验:受检者闭目站立,先向前走 5 步,然后向后退 5 步,反复进行 5 次。测量最后一次行走的方向与起始方向之间的偏斜角度,以判断两侧前庭功能状况。若向右偏斜角度大于 90°,则表明右侧前庭功能减弱;若向左偏斜角度大于 90°,则表明左侧前庭功能减弱;若偏斜小于 90°,表明在正常范围。

2. 眼震检查

(1)常规检查:检查眼震时,嘱受检者注视检查者向各个方向缓慢移动的示指,手指距患者眼球约 50cm。受检者的注视角度(视线与中线相交之角)不宜超过 45°,超过 45°时可诱发生理性终位性眼震而影响检查的准确性。手指移动的方向是向左、向右、向上和向下 4 个方向。必要时,还要向右上、左下和左上、右下斜向移动。

(2)旋转试验:最常用的方法是巴拉尼法。受检者坐于旋转椅中,头固定于前倾 30°,使外半规管呈水平位置,令受检者闭眼,以每 2s 一圈的速度进行向右

（顺时针）或向左（逆时针）旋转，10 圈后立即停止。嘱受检者两眼向前凝视，观察眼震。在顺时针方向旋转后，发生向左的眼震，而逆时针旋转后则为向右的眼震，2 次检查至少间隔 5min。正常者眼震持续时间平均为 30s（15～45s），两侧相差不超过 5s。

（3）头位性眼震检查：受检者取头正位直坐于一矮榻上，检查过程中一直保持睁眼状态。检查者以双手扶持其头部，推使受检者仰卧，头悬于榻边，观察有无眼震出现。10s 后，将受检者扶起回到直坐状态，再观察 10s。将受检者头转向右侧，推使其仰卧，头悬榻边，面向右方，观察 10s。重使其直坐，头仍处右转位，观察 10s。同样方法，在受检者头转向左侧仰卧位和直坐位时各观察 10s，共检查 6 个头位，每次变动头位时的动作均须在 3s 内完成。若有眼震出现，须注意其方向、振幅和类型，并用计时器计算眼震的潜伏期和眼震时间。头位性眼震是一病理体征，可由许多中枢性和外周性疾病引起，如脑部血液循环的改变、颅内肿瘤、颅脑外伤、梅尼埃病等，多由椭圆囊斑病变和后半规管壶腹嵴病变引起。此外，还须注意眼震是否为疲劳型。用上述方法重复检查，每次间隔数分钟观察在该特定位置上是否每次均有眼震出现。若重复检查无眼震出现，称为疲劳型（外周性头位性）眼震。再次检查出现较弱的眼震，连续检查数次后不再出现者，称为渐疲劳型。反复检查，每次都出现强度不变的眼震者，称为不疲劳型（中枢性头位性）眼震。

【注意事项】

旋转试验和头位性眼震检查时，在检查前向受检者详细解释检查过程中可能出现的眩晕和恶心，以取得受检者的合作，保证检查结果准确无误。

实验十六　本体感觉功能的测定

【目的】

掌握本体感觉功能变化的测定方法。

【原理】

人体做各种动作时,都会引起本体感受器的兴奋,这种兴奋沿着传入神经传到大脑皮层引起复杂的神经活动,感知动作的变化。本体感受器区分动作差别的能力,称为运动分析器的敏感性。训练程度越高,本体感受器敏感性越强,标志着肌肉对空间位置感觉越精细。

【器材】

多用关节测量仪、肘关节分析器等。

【步骤】

(1)多用关节测量仪构造本仪器(图 2-16-1)主要由一直径 2m 左右的圆形木制板(或其他材料)制成。在圆板面上有分度数,圆板由一支架固定在可升降的底座上。在大圆板面上,用不同颜色画制另一个带有分数度,直径为 1m 左右的小圆周。

(2)测定肩关节运动分析器敏感度。

令受试者两臂下垂,侧立于仪器前,调整仪器高度,使测量仪器的圆心,正对着被测者的肩峰。然后,令受试者手心向内直臂做前屈,要求屈到一定位置(角度),再返回原处(下垂),重复 3 次。让受试者边做动作,边体会肩部肌肉感觉。

受试者闭上双眼,按上面所要求的屈度再做 5 次。主试者要观察受试者每次直臂前屈的角度和原要求角度相差多少,并将其结果记录下来。

让受试者背向仪器,使圆心正对着第 7 颈椎,可以测单臂或双臂外展时的敏感度。实验方法步骤同上。

(3)测定肘关节运动分析器敏感度在小圆周上进行,受试者侧立仪器前,让肘关节的中心点(肱骨外上课处)正对小圆周的圆心,上臂固定不动,以肘关节为轴心屈伸前臂进行实验(图 2-16-2)。实验方法步骤同肩关节运动分析器敏感度的测定。

(4)测定髋关节和膝关节运动分析器敏感度实验时可升降圆板,或者让受试者站在升降台凳上,使髋或膝关节中心点正对圆心处,方法步骤同上。

【注意事项】

(1)受试者在测试过程中必须闭上双眼。
(2)主试者在测试过程中不能给予受试者暗示。

【思考题】

运动分析器的敏感性高低与哪些因素有关?

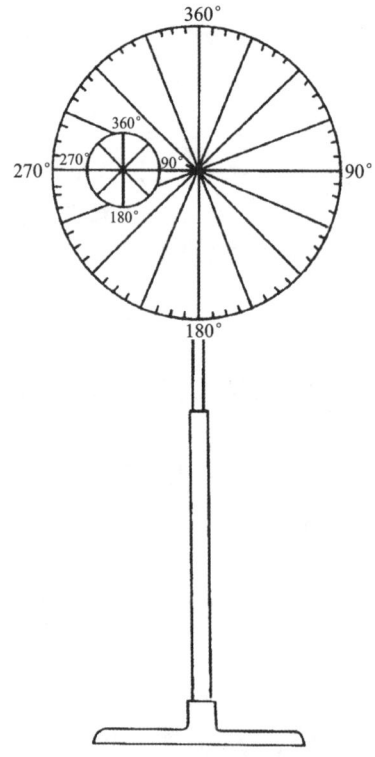

图 2-16-1　多用关节测量仪

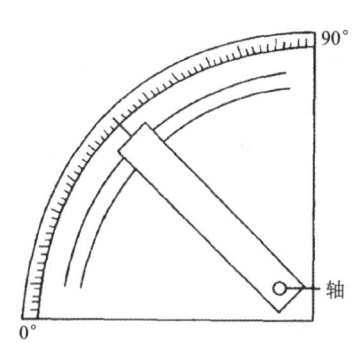

图 2-16-2　肘关节分析器

实验十七 人体反应时的测定

【目的】

(1)学习视觉与听觉简单反应时的测定方法。
(2)比较两种简单反应时的差别。
(3)学习测定视觉选择反应时的方法。
(4)了解选择反应时不同于简单反应时的特点。

【原理】

人体反应时的测定,是通过对反应时间的测量,来推测不能直接观察的心理、生理活动的组织结构与神经机能状态,以反应时间作为反应变量,经常应用于心理学、生理学、医学及其相关学科。荷兰生理学家唐德斯(Donders)将反应时分为3种:A反应时、B反应时和C反应时。A反应时又称简单反应时,B反应时又称选择反应时,C反应时又称辨别反应时。本实验主要学习简单反应时和选择反应时的测量。简单反应时是一个单一简单刺激(如光、声音)与被试者做出单一简单反应(按下电键或放开电键)之间的最小延迟时间。不同感官的反应时不同,说明反应时与所刺激的感觉通道有关系。视觉通道对光线的反应时间长,是由于光线虽然可以直接射到视网膜上,但是视网膜上的感光细胞不能由光刺激直接引起兴奋,要经过光化学中介过程,这个过程需较长时间,因而视觉对光的反应时长于听觉对声音的反应时。电生理学的实验方法也支持这一结论。选择反应时有2个(或多于2个)刺激和2个(或多于2个)反应。每个刺激都有自己独特的反应。从多个可能出现的刺激中,某一刺激的出现到做出正确反应的时间就是选择反应时。测量时,一般应重复测量多次,求其均值为反应时的测定结果。简单反应是较复杂反应的基础,同时也是其组成成分之一。

【实验材料】

EP202简单反应时测定装置,EP203选择反应时测定装置。

【方法与步骤】

1. 简单反应时的测定

(1)接通仪器电源,主试者拨动信号发生开关,在光和声刺激呈现的同时,计时器应立即进行计时。

(2)练习操作。刺激呈现器放在被试者1m处,被试者以右手示指轻触电键。主试者在发出"预备"口令后约2s呈现刺激。当被试者感觉到刺激出现,立即按压电键,计时器停止计时,主试者记下成绩。练习实验可作2～3次。为防止无关刺激的干扰,主试者与被试者可分隔在两个操作室中进行实验。

(3)实验观察。①刺激呈现按视—听—听—视方式安排,每单元各做20次,总次数为80次。②为了检查被试者有无超前反应,在每单元的20次实验中插入1次"检查实验"。如被试者发生对"空白刺激"做出反应,主试者根据反馈信号灯提供的信息需宣布该单元实验结果无效,重做20次。③做完20次后,休息1min。一被试者测完80次后,换另一被试者进行实验。

2. 选择反应时的测定

(1)接通仪器。主试者按预先列出的程序,操作信号呈现,开关发出"红""黄""绿""白"4种不同色光刺激。

(2)被试者以右手示指作按键状,当感觉到某种色光时,主试者即用右手示指按压相应的反应键(即被试者对4种不同的刺激相应做出4种不同的反应)。计时器记下时间,练习实验可做4～5次。

(3)实验观察。①4种色光刺激各呈现20次,随机排列。②主试者呈现刺激与被试者反应方式同预备实验。如果反应错了,计时器不计时间,主试者根据反馈信号灯提供信息,安排被试者重做一次。每做完20次休息1min。一被试者测完80次后,换另一被试者进行实验。

【结果处理】

(1)计算个人对不同色光的选择反应时的平均数、标准差。
(2)比较全体被试者对白光的简单反应时与选择反应时的均数差异。
(3)计算个人视觉与听觉反应时的平均值与标准差。
(4)检验全体被试者两种反应时是否有显著差别。

【思考题】

(1)根据实验结果说明视觉与听觉简单反应时的差别及其可能原因。
(2)根据实验结果说明简单反应时是否受练习的影响。
(3)本实验结果是否与前人实验数据一致？原因是什么？
(4)举例说明反应时实验的实际应用意义。

实验十八 户外环境气象条件的测定

【目的】

(1)了解作业环境气象条件测定仪器的使用原理。
(2)熟悉作业环境气象条件测定仪器的使用方法。
(3)掌握作业环境气象条件测定方法。

一、气象条件测定原则

生产环境气象条件主要包括气温、气湿、风速和热辐射，如遇特殊作业(如沉箱、高空和高山作业)或欲计算空气在标准状态下的体积，还需测量气压。生产环境气象条件测定原则如下。

(1)在调查车间一般情况的基础上,简明绘出生产设备、工作地点及门窗位置的平面图,注明测定地点。

(2)根据生产过程、热源的布置和生产建筑物的特征,主要选择工人工作的地点进行气象条件的测定。检查工人的休息条件及休息时生理机能的恢复情况,还应在休息地点测定。测定一般应在距离地面约1.5m处进行。若工作地点热源分布不均匀时,则应在不同高度、不同方位分别进行热辐射强度的测定。如开炉门时,应在炉前工作地点于工人头部、胸部、腿部等不同水平上设测定点。

(3)根据生产特点、劳动情况和调查目的选定测定时间。①调查生产环境气象条件对人体的影响时,应于不同季节进行室内外气象条件的测定。如专门调查炎热季节高温作业对人体的影响时,测定时间一般不应少于3d,并需注意测定日期的代表性。②每天测定的时间和次数按生产特点而定。生产过程较均衡、气象条件较稳定的车间,可一个班开始时测1次,中间测2次,下班前再测1次;而生产活动、气象条件变化大的车间,则应按生产活动进行多次测定。若有条件,最好于早、中、晚时各测1次,以便观察生产地点气象条件的变化规律。测定生产环境气象条件时,需对室外气象条件进行测定,以比较室内、室外气象条件的差别。

(5)测定气温、气湿、风速、热辐射强度等应在同一地点同时进行。

(6)评定各工种工人工作时间的气象条件,以便改进劳动组织等,必须进行工时测定,记录他们在一个班中各项生产操作的时间,所受热辐射作用的时间、部位和强度,并计算加权平均值。同时测定生理指标及询问工人主观感觉。

(7)每次测定后,应将各项测定结果填入气象条件测定记录表内,注明当时的生产情况,周围环境的变动以及隔热、通风措施的使用情况,以便在分析、评价时有依据。

二、气温的测定

【实验仪器】

普通干湿球温度计、通风温湿度计、TES温湿度计。

【实验内容与方法】

1. 普通干湿球温度计

构造原理:普通干湿球温度计是由两支同样的温度计固定在一块木板或铁架上制成的。其中一支温度计的温包上包有细纱布,并将纱布的一端浸入水里,使纱布和温包常处于润湿状态,此温度计称为湿球;另一支不包纱布的温度计称为干球。在两个温度计之间有一个转筒,可根据干湿球温值在转筒上查到相对湿度。

2. 通风温湿度计

构造原理:温度计的球部(一个为湿球,另一个为干球)分别装在镀镍的双金属风筒内,可反射大部分的热辐射,外管以象牙环扣接温度计,以减少传导热的影响。风筒与仪器上部的小风机相连,当小风机开动时,空气以一定的流速(一般为 4m/s)自风筒下端进入,流经干湿球温度计的球部,可消除外界风速变化产生的影响。

3. TES 温湿度计

构造原理:以精密电容式感测器测湿度,以半导体感测器检测温度。使用方法:将电源开关"POWER"推置"ON"位置上,将读数选择开关"FUHCT"推置"%RH"位置上,液晶显示器可显示湿度读数,将读数选择开关"FUHCT"推置"C"或"F"位置上,液晶显示器可显示温度读数(℃或℉),等待数分钟至显示器读效稳定,或将读数保持键"HOLD"推至"ON"位置上,锁定稳定读数。

【实验注意事项】

(1)普通干湿球温度计:①有热辐射存在时,不宜使用本温度计;②使用前须检查水银(酒精)柱有无间断,若有间断,可利用离心力、冷却或加热的方法使之连接起来;③测定时,应将温度计悬挂,不要靠近冷、热物体表面,并避免水滴沾在温度计上,影响测定结果;观察时,要避免接触球部以及呼气对温度计的影响;

④温度计固定在测定地点,5min 后进行读数。读数时,眼睛必须与液柱顶端成水平位置,先读小数,后读整数。

(2)通风温湿度计除上述注意事项外,应用钥匙将小风机的发条旋紧。小风机开动后,将仪器悬挂在测定地点,3～5min 后读数。测量结束,待风机停止转动后,仪器方能平放。

(3)TES 温湿度计使用前检查电池,安装 9V 电池可工作,若屏幕显示"BT",则提示需更换电池。

三、气湿的测定

【实验仪器】

普通干湿球温度计、通风温湿度计、TES 温湿度计。

【实验内容与方法】

测定方法具体见气温的测定。

结果与计算当干湿球温度计的读数超出专用表的数值时,可用计算方法得出相对湿度,公式为

$$R = A/F \times 100 \tag{2-18-1}$$

式中:R 为空气的相对湿度(%);F 为干球温度计所示温度时的饱和水蒸气张力(kPa);A 为空气的绝对湿度(kPa)。

【实验注意事项】

参见气温的测定,在向湿球加水(最好用蒸馏水)前,应检查纱布是否太陈旧而影响其吸水性,如需更换时,应采用薄而稀的脱脂白纱布或棉线针织品。纱布应紧贴温度计球部,以一层为宜,不可有皱褶,加水后应用手压气泡使纱布充分湿润。按规定时间测定后,先后记下湿球和干球温度数,查干湿球温度或湿度换算表得所测的相对湿度。

四、风速的测定

【实验仪器】

EM8型数字风速仪、翼状风速计、卡他温度计和热球式电风速计。

【实验内容与方法】

1. EM8型数字风速仪

(1)构造原理:仪器的风速感应器为一套特制的套管型热风速计测头,与传感器垂直的各方向有相同的感应特性。仪器主要用于测量微风,用数字直读显示,量值为风速的瞬时值。

(2)使用方法:将风速传感器通过传感器插头连接,传感器垂直放置于被测环境里,打开电源开关预热0.5~1min至数值稳定后即可读数。

(3)测定范围:EM8型数字风速仪是一种能测低风速的仪器,其测定范围为0~10m/s。

2. AVM-01翼状风速计

(1)构造原理:仪器的感受部分由轻质铝制翼片构成,翼片在风力作用下可以自由转动,风速愈大转动愈快,经动能与电能的转换器将数值直接从液晶显示器上显示出来。

(2)使用方法:按下电源开关至"ON",由功能键选择风速测量,由风速单位键选择单位;手持翼状风速计感受器让风由后往前吹过,等约4s后再读取风速值;如要读取稳定读数,可按下读数保持键"HOLD",再读取稳定数值。

(3)测量范围:0~45.0m/s,0~8800ft/min,0~140km/h。

【实验注意事项】

1. EM8型数字风速仪

(1)电源为5号干电池6节,欠压指示灯亮红灯时应更换电池或通过电源变换器外接交流电。

(2)风速仪不能沾水,下雨时不宜使用。

(3)风速仪应与环境温度达到平衡后使用。

2. AVM-01 翼状风速计

(1)测量地点应远离建筑物、树或其他障碍物,以避免产生乱流。

(2)当显示屏上显示低电压符号时,应及时更换电池。

(3)翼状和杯状风速计使用简便,但其惰性和机械摩擦阻力较大,只适用于测定较大的风速。

五、热辐射强度的测定

热辐射强度是指单位时间内单位面积所受到的热辐射能量,其表示单位为 $J/(cm^2 \cdot min)$。生产场所中的热辐射可能来自一个方向,也可能来自几个方向。因此,热辐射强度有定向辐射强度和平均辐射强度之分。

【实验仪器】

MR-3A 型辐射热计、黑球温度计。

【实验内容与方法】

1. MR-3A 型辐射热计

(1)构造原理:仪器由热电堆(数百对康铜丝热电偶上贴一层铝箔,在铝箔上与热电偶热端相应处涂一层烟黑形成的黑白相间小方块)、毫伏表、数显屏 3 部分构成;当热辐射作用于热电堆部分时,由于烟黑和铝箔的辐射吸收率不同,在热电偶上产生一个热电动势,这个热电动势与辐射强度成正比,因此可用 mV 计测出热电动势并转换成热辐射强度。

MRk-3A 型辐射热计除可以直接测出辐射热强度、辐射热测头内表血温度、空气度之外,还可以间接测出定向平均辐射温度,近似代替黑球温度计来测量环境的平均辐射强度,避免了同时测量风速和气温的麻烦。

(2)测量范围: $0\sim10kW/m^2$, $0\sim100℃$。

(3)使用方法:①空气温度测量,将选择开关置于空气温度"t_a"挡,电源开关至"ON",手持测温杆来回晃动约5min,即可从显示屏读数;②定向辐射强度测量,将选择开关置于"E"挡,电源开关至"ON",打开辐射头保护盖,将辐射头对准被测方向,即可读出定向热辐射强度值(E);③定向热辐射温度测量,定向热辐射强度测量完毕后将选择开关置于"t_s"挡,即可读取测头温度(t_s);④平均辐射温度(T_{DMRT})计算公式为

$$T_{DMRT}=[E/\sigma+(t_s)^4]^{1/4} \tag{2-18-2}$$

式中:σ为斯特藩-玻尔兹曼常数,为$5.67\times10^{-8}\text{W/m}^2$。

2. 黑球温度计

测定时,将黑球温度计悬挂于测定地点,经15min待温度计读数稳定后记录结果。此外,测定同一地点的气温和风速,再按下式计算平均热辐射强度:

$$E_m=4.9\times[(t_g+273)/100+2.45\sqrt{v}(t_g-t_a)]/600 \tag{2-18-3}$$

式中:E_m为平均热辐射强度($\text{cal/cm}^2\cdot\text{min}$);$t_g$为黑球温度(℃);$t_a$为气温(℃);$v$为风速(m/s)。

为了简化起见,可用线解图(图2-18-1)查得平均热辐射强度或平均热辐射温度。

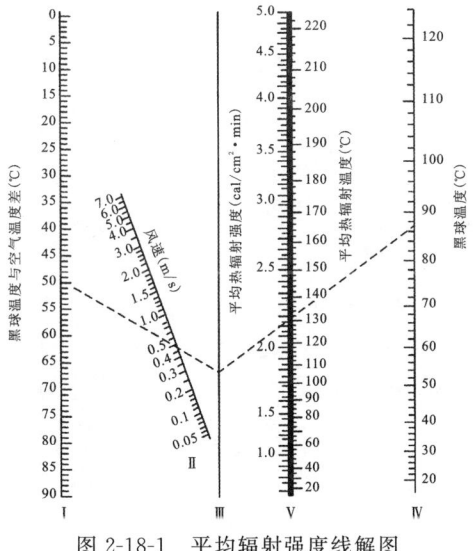

图2-18-1 平均辐射强度线解图

六、气压的测定

【实验仪器】

杯状水银气压计、空盒气压计。注意：杯状水银气压计携带不便，宜放在固定地点和作为空盒气压计校准之用；空盒气压计携带方便、使用简单，适于现场应用。

【实验内容与方法】

1. 杯状水银气压计

（1）构造原理：如图2-18-2，杯状水银气压计为一装有水银的直立玻璃管，其上端封闭成真空状态，下端插入水银杯中。当大气压力升高时，玻璃管上端的水银面随升高；气压下降时，水银面随之下降。根据水银面的高度，利用固定的刻度尺和游标尺，即可读取所测的气压。

游标尺共刻成10格，其总长度为9mm，固定刻度尺每格的间距为1mm，即游标尺每一格比固定刻度尺的每一格小0.1mm。

（2）使用方法：测定时，旋转仪器上的调节旋钮，使水银杯内的液面刚好接触象牙指针的针尖。移动游标尺，使其零点的刻度线与水银面相切。由游标尺上零点的刻度线在固定刻度尺上所指的刻度，读出水银高度的整数（mm），再从游标尺上找到一根刻度线与固定刻度尺的刻度线相吻合处，读出一位小数。

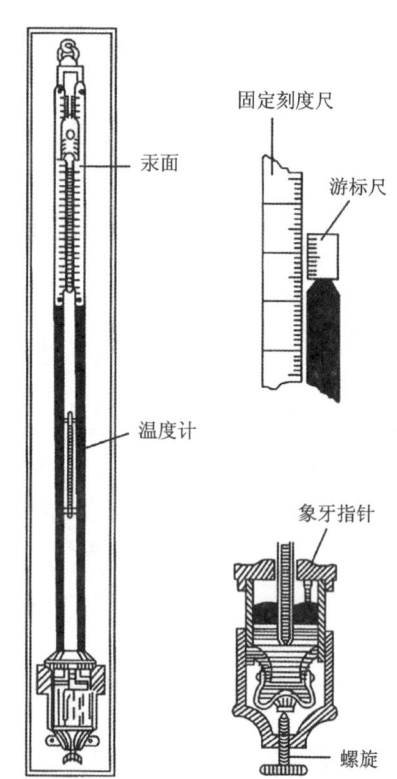

图2-18-2 杯状水银气压计

2. 空盒气压计

(1) 构造原理：空盒气压计由具有弹性的波状薄壁金属空盒构成，盒内有极稀薄的空气。当气压增高时，盒壁内凹；当气压降低时，盒壁隆起。这种变化借助于杠杆及齿轮的转动使指针传递到刻度盘上，从而可直接读出大气压力（mmHg）。

(2) 使用方法：使用前，需用水银气压计进行校正。使用时，为防止机械摩擦的误差，须轻轻叩打2～3下，待指针稳定后，再记下读数，读数应精确到0.5mmHg。在玻盖中央，有另一可转动的指针，将此指针与气压计指针对准后，可观察一定时间的气压变化。

【实验注意事项】

(1) 杯状水银气压计在精确测量气压时，读数结果还需进行器差和气温订正。器差订正是校正仪器本身的误差，误差说明附在仪器使用说明书上。

(2) 杯状水银气压计需垂直悬挂，避免摇摆和日光直射，周围应无强大的热源。不进行观察时，象牙指针应脱离水银面。现用气压的表示单位为帕（Pa），气象学上也曾用毫巴（mbar，1mbar＝100Pa）。

【实验报告撰写要求】

(1) 实验目的。
(2) 实验原理。
(3) 实验结果应用和评价。

模拟户外气象条件测定的结果随即记录在表2-18-1上。

表2-18-1 模拟户外气象条件测定记录

地点：　　　测定日期：　　年　月　日　　天气：

测定时间	测定地点	干球温度（℃）	湿球温度（℃）	风速（m/s）	黑球温度（℃）	平均辐射强度 J/(cm²·min)	单向辐射强度 J/(cm²·min)	备注

人体的热平衡受环境中诸因素(气温、气湿、风速、热辐射、劳动强度和衣着等)的综合影响。为了综合这些因素进行卫生学评价和制定气象条件卫生标准，自20世纪20年代以来，人们提出了多种综合指标，如修正有效温度(CET)、热强度指数(HSI)、湿球黑球温度(WBGT)等。采用前述各单一气象仪器(温度计、风速计等)测定综合参数很不方便，因而人们研制出测定多种气象参数的综合测定仪器，如三球温度计[包括干球温度计、普通(静态)湿球温度计和黑球温度计]、波球温度计(为湿润黑球温度计，可测定空气温度、湿度、风速和热辐射)、热环境综合测试仪(不仅可以分别测定干球、湿球和黑球温度，还可用一个温度值反映出气温、气湿、风速和热辐射的平衡值)以及Comfy-Test EQ2测定仪(包括气温、风速、平均热辐射强度、水蒸气压力、人体劳动强度、衣着6个因素的综合指标)。此外，要了解作业人员在每个工作日平均接触热的时间，测量作业人员的生理指标，综合分析各种因素以评价气象条件是否合乎卫生标准，并提出相应的整改措施。

实验十九　环境中可吸入颗粒物监测

【目的】

(1)了解可吸入颗粒物的种类。
(2)掌握可吸入颗粒物的监测方法。
(3)掌握采样器和切割器的具体应用。

【原理】

可吸入颗粒物(PM)是指通过鼻和嘴进入人体呼吸道的悬浮颗粒物的总称。空气中的可吸入颗粒物，可用大流量和小流量采样器采集，用重量法测定。这部分颗粒物具有D_{50}(质量中值直径)$=10\mu m$和上截止点$30\mu m$的粒径范围，常用符号PM_{10}表示。PM_{10}对人体健康影响较大，是室内外环境空气质量的重要监测指标。而$PM_{2.5}$是指具有$D_{50}=2.5\mu m$粒径的颗粒物，也称可入肺颗粒物。与较粗的大气颗粒物相比,$PM_{2.5}$粒径小,富含大量的有毒、有害物质且在大气中的停留时间长、输送距离远,因而对人体健康和大气环境质量的影响更大。本实验分别通过具有一定切割特性的采样器,以恒速抽取定量体积的空气,使环境空气中$PM_{2.5}$和PM_{10}被截留在已知质量的滤膜上,根据采样前后滤膜的质量差和采样体积,计算出$PM_{2.5}$和PM_{10}浓度。

【实验试剂与仪器】

1) 切割器

PM_{10}切割器、采样系统:切割粒径$D_{50}=(10\pm0.5)\mu m$,捕集效率的几何标准差为$\sigma_g=(1.5\pm0.1)\mu m$。

$PM_{2.5}$切割器、采样系统:切割粒径$D_{50}=(2.5\pm0.2)\mu m$,捕集效率的几何标准差为$\sigma_g=(1.2\pm0.1)\mu m$。

2) 采样器孔口流量计或其他符合本标准技术指标要求的流量计

大流量流量计:量程$0.8\sim1.4m^3/min$,误差$\leqslant2\%$。

中流量流量计:量程$60\sim125L/min$,误差$\leqslant2\%$。

小流量流量计:量程$<30L/min$,误差$\leqslant2\%$。

3) 滤膜

根据样品采集目的可选用玻璃纤维滤膜、石英滤膜等无机滤膜或聚氯乙烯、聚丙烯、混合纤维素等有机滤膜。滤膜对$0.3\mu m$标准粒子的截留效率不低于99%。空白滤膜进行平衡处理至恒重,称量后,放入干燥器中备用。

4) 分析天平

感量$0.1mg$或$0.01mg$。

5) 恒温恒湿箱(室)

箱(室)内空气温度在$15\sim30$℃范围内可调,控温精度±1℃。箱(室)内空气相对湿度应控制为$(50\pm5)\%$。恒温恒湿箱(室)可连续工作。

6) 干燥器

内盛变色硅胶。

【实验方法与步骤】

1. 样品采集

（1）采样时,采样器入口距地面高度不得低于1.5m。采样不宜在风速大于8m/s等天气条件下进行。采样点应避开污染源和障碍物。若测定交通枢纽处的$PM_{2.5}$和PM_{10},采样点应布置在距人行道边缘外侧1m处。

（2）采样时,将已称量的滤膜用镊子放入洁净采样夹内的滤网上,滤膜毛面应朝进气方向。将滤膜牢固压紧至不漏气。如测任何一次浓度,每次需更换滤膜;如测日平均浓度,样品可采集在一张滤膜上。采样结束后,用镊子取出。将有尘面两次对折,放入样品盒或纸袋,做好采样记录。

2. 样品保存

采样后滤膜样品如不能立即称量,应在4℃条件下冷藏保存。

3. 样品分析

将滤膜放在恒温恒湿箱(室)中平衡24h,平衡条件为:温度取15～30℃中任何一点,相对湿度控制在45%～55%范围内,记录平衡温度与湿度。在上述平衡条件下,用感量为0.1mg或0.01mg的分析天平称量滤膜,记录滤膜质量。同一滤膜在恒温恒湿箱(室)中相同条件下再平衡1h后称量。对于$PM_{2.5}$和PM_{10}颗粒物样品滤膜,两次质量之差分别小于0.4mg和0.04mg来满足恒重要求。

4. 实验注意事项

需经常检查采样头是否漏气。滤膜正确安装时,当滤膜上颗粒物与四周白边之间的界线渐渐模糊,则表明应更换面板密封垫。

【实验数据记录与处理】

$PM_{2.5}$和PM_{10}浓度按下式计算:

$$\rho = (W_2 - W_1)/V \times 1000 \qquad (2\text{-}19\text{-}1)$$

式中:ρ 为 $PM_{2.5}$ 和 PM_{10} 浓度(mg/m^3);W_2 为采样后滤膜的质量(g);W_1 为空白滤膜的质量(g);V 为已换算成标准状态(101.325kPa,273.15K)下的采样体积(m^3)。

实验二十　急性低氧对人脑、体功能的影响

【目的】

通过比较平原与高原环境暴露下同一人群生理指标及心、肺功能的差异,探讨高原环境对人脑、体功能的影响及机制。

【原理】

高原低氧可对机体的功能和代谢产生一系列影响,其影响的程度和结果,除了与海拔有关外,还取决于进入高原的速度、停留的时间以及机体的功能代谢状态。平原人群快速进入高海拔地区后,机体在神经-体液调节等因素作用下,主要通过心、肺功能代偿以适应低氧环境。如果代偿不全,高原低氧对机体各系统器官的功能会带来严重影响,导致劳动能力下降,严重者发生高原病。本实验采用低压舱模拟高原低氧环境,通过受试者比较自身在平原和低压舱模拟高原环境条件下生理指标、心率达到 170 次/min 时的做功能力(PWC_{170})、最大摄氧量($\dot{V}O_{2max}$)的差异,了解高原低氧环境对人体的影响。

【实验对象】

人。

【设备器械】

节拍器、电子秤、低压舱、电脑多功能心理-生理测试仪、自制手敏捷度测试盒、血压计、秒表、血氧饱和度仪、台阶、自行车功率计等。

【观察指标】

受试者体重、血压、动脉血氧饱和度、静息心率、运动心率、呼吸频率、脑快速记忆功能、PWC_{170}、$\dot{V}O_{2max}$。

【实验步骤】

1. 称重

受试者在预先准备好的电子秤上称重。

2. 平原环境下各项指标测定

受试者称重后安静休息 30min,在低压舱运行前测试静息状态下血压、动脉血氧饱和度、静息心率、运动心率、呼吸频率、脑快速记忆功能、PWC_{170} 及 $\dot{V}O_{2max}$。

1)脑快速记忆功能测试

该测试分为简单数字记忆功能测试、手敏捷度测试、目标追踪测试。

(1)简单数字记忆功能测试:采用电脑多功能心理-生理测试仪,分别测定手部运动反应时间、及时听觉记忆、模拟学习能力和及时视觉记忆能力。

(2)手敏捷度测试:采用自制手敏捷度测试盒,测试手部操作敏捷度及眼手协调能力;或采用左、右手交叉敲击动作频率、正确次数和错误次数来测试手敏捷度。

(3)目标追踪测试:采用 WHO-NCTB(World Health Organization-Neurobehavioral Core Test Battery,世界卫生组织-神经行为核心测试组合)试卷,受试者用笔逐个在圆圈中心打点,测试目标追踪运动速度和准确性。

2) PWC_{170} 及 $\dot{V}O_{2max}$ 测定

PWC_{170} 指机体在稳定状态的体力劳动条件下，心率达到 170 次/min 时的功率，单位为 kg·m/min。$\dot{V}O_{2max}$ 指机体在递增强度的剧烈活动中，当呼吸和循环系统功能发挥最大水平时，单位时间（min）所摄取的最大氧量，单位为 L/min。

(1) PWC_{170} 测定。

通过踏阶运动（图 2-20-1）测定 PWC_{170}。准备高度为 40cm 的台阶及秒表（辅助记录心率）。受试者先在凳子上静坐 5min，双手放于膝关节上，测定静息心率。第一次踏阶运动的踏速（以完成上、下一次台阶计算）为 25 次/min，第二次踏阶运动的踏速为 35 次/min，踏阶速度用节拍器控制，每次运动时间 5min，记录踏阶运动停止前 5~10s 的运动心率。

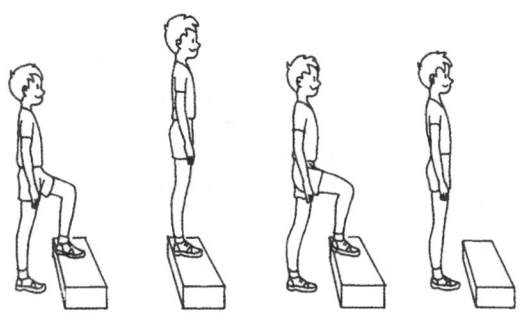

图 2-20-1　踏阶运动

PWC_{170} 计算公式如下：

$$W = 体重(kg) \times 阶高(m) \times 每分钟上下台阶数 \times 4 \div 3 \quad (2\text{-}20\text{-}1)$$

$$PWC_{170} = W_1 + (W_2 - W_1) \times (170 - P_1) \div (P_2 - P_1) \quad (2\text{-}20\text{-}2)$$

式中：W 为踏阶运动负荷试验的功率；W_1、W_2 分别为两次踏阶运动负荷试验的功率(kg·m/min)；P_1、P_2 为两次踏阶运动负荷试验的心率(次/min)。

注意事项：受试者进行实验前不得进行剧烈活动，实验时必须按节拍器的节律上、下台阶，上、下台阶时双膝要伸直，腰要挺直。实验者要准时测定、记录受试者心率。

(2) $\dot{V}O_{2max}$ 测定。

采用亚极量踏阶运动间接法测定 $\dot{V}O_{2max}$，步骤如下。

踏阶高度 40cm，踏阶速度 35 次/min（以完成一次上、下台阶运动算）。踏阶速度用节拍器控制,每次运动时间 5min。用秒表记录踏阶运动停止后即刻至 10s 的心搏次数,然后换算成每分钟心率,单位为 L/min。

采用简易间接推算法计算 $\dot{V}O_{2max}$,计算公式如下:

$$\dot{V}O_{2max} = 1.488 + 0.038 \times 体重(kg) - 0.0049 \times 台阶负荷时第 5min 后的心率(次/min) \tag{2-20-3}$$

3. 模拟高原环境下各项指标测定

将低压舱设置为模拟海拔 4000m,稳定 1h,重复步骤 2,并测定各项指标,比较两次数据的差异。

【结果记录】

将试验结果记录于表 2-20-1、表 2-20-2 中。

表 2-20-1 平原环境与模拟高原环境下生理指标的比较

姓名	平原环境				模拟高原训练			
	血压(mmHg)	SaO$_2$(%)	呼吸(次/min)	心率(次/min)	血压(mmHg)	SaO$_2$(%)	呼吸(次/min)	心率(次/min)

表 2-20-2 平原环境与模拟高原环境下脑、体功能差异的比较

姓名	平原环境						模拟高原训练					
	PWC$_{170}$(kg·m/min)	SaO$_2$(%)	$\dot{V}O_{2max}$(L/min)	数字记忆功能	手敏捷度	目标追踪	PWC$_{170}$(kg·m/min)	SaO$_2$(%)	$\dot{V}O_{2max}$(L/min)	数字记忆功能	手敏捷度	目标追踪

【注意事项】

(1)受试者应遵守低压舱管理制度,有感冒或其他严重心肺疾病的受试者不宜进入低压舱。

(2)踏阶运动时应安排人员保护受试者,防止意外。

(3)脑快速记忆功能测试时受试者应先进行训练,待掌握测试要领后再行测试。

【附加知识】

$\dot{V}O_{2max}$的简易间接推算方法:

普遍认为$\dot{V}O_{2max}$是判断有氧耐力的最好指标,常作为评价运动员或其他人员体能状态的指标。但是,直接测定$\dot{V}O_{2max}$既费时且需要比较复杂和昂贵的仪器设备,一般单位很难做到。因此采用简易间接推算法来测定$\dot{V}O_{2max}$更为方便实用。本试验是让受试者在自行车功率计上的最大强度(即低于100% $\dot{V}O_{2max}$的强度)运动,测定出此时的心率及功率,然后推算出该受试者的$\dot{V}O_{2max}$,这个方法比较简便,适用于受试人数较多的成批实验。这一试验所依据的基础是心率、功率和摄氧量间的密切相互关系。功率增加时,摄氧量也成比例地增加,最后达到$\dot{V}O_{2max}$且形成稳定状态。心脏对增加功率的表现与摄氧量一致,$\dot{V}O_{2max}$与最大心率几乎同时达到。因此,如果知道了表示功率-摄氧量和功率-心率变化相关直线的斜率,那么,通过测验出的摄氧量和心率就可以非常近似地推算出$\dot{V}O_{2max}$(表 2-20-3~表 2-20-5)。研究表明,在一定功率下蹬踏自行车时每个人的摄氧量(L/min)几乎相同。因此仔细控制自行车功率计的蹬踏功率,测量出心率和摄氧量,就可以绘出心率-摄氧量的相关曲线,并借此推算出$\dot{V}O_{2max}$。

这种方法仅是一种推测,因此难免有误差。可根据年龄修正推算出$\dot{V}O_{2max}$(表 2-20-6)。如果要求数据更加精确,必须采用仪器测量。

试验要求受试者首先以中等量功率蹬踏自行车功率计,直到得到一个稳定的心率为止;然后根据功率和心率使用表格(或列线图)推算出 $\dot{V}O_{2max}$;最后根据年龄修正推算出 $\dot{V}O_{2max}$。具体操作步骤如下。

(1)受试者穿运动服、拖鞋,实验前 1h 不得进食及吸烟。

(2)记录受试者体重(精确到千克)以及年龄。

(3)调整车座,使受试者踏到最低点时腿处于略弯曲状态,将自行车功率计的阻力指示器调零。

(4)令受试者以 50 周/min 的速度蹬踏自行车功率计,调整负荷;女子开始可为 300kg·m/min,男子为 600kg·m/min,持续运动 6min。

(5)受试者休息 5min(坐于车座上),然后再重复上述步骤,但负荷应适当增加(女子可选择 450kg·m/min、600kg·m/min、750kg·m/min、900kg·m/min 中的任一负荷;男子可选择 600kg·m/min、900kg·m/min、1200kg·m/min、1500kg·m/min 中的任一负荷)。前后 2 次负荷运动时的心率都要在 120~170 次/min 之间。

(6)记录前后 2 次负荷情况下,运动中第 4min 31s 至第 5min 和第 5min 31s 至第 6min 的心搏次数,再换算成心率,取两次心率平均值,来推算 $\dot{V}O_{2max}$,前后 2 次所测心率相差不得超过 5 次/min,否则继续运动 1min,并使用第 5min 31s 至第 6min 和第 6min 31s 至第 7min 的心率来推算 $\dot{V}O_{2max}$。

(7)记录如下。

a.记录负荷第一次选择的负荷:____kg·m/min。

b.记录前后 2 次负荷的平均心率:____次/min。

c.推测的 $\dot{V}O_{2max}$:____L/min。

d.根据年龄修正的 $\dot{V}O_{2max}$($\dot{V}O_{2max}$×年龄修正系数):____L/min。

e.求出相对 $\dot{V}O_{2max}$[据年龄修正的最大摄氧量/体重(kg)]:____mL/(kg·min)。

表 2-20-3 男性最大摄氧量推算表

心率 (次/min)	相应负荷时最大摄氧量(L/min)				
	300kg·m/min	600kg·m/min	900kg·m/min	1200kg·m/min	1500kg·m/min
120	2.2	3.3	4.8	/	/
121	2.2	3.4	4.7	/	/
122	2.2	3.4	4.6	/	/
123	2.1	3.4	4.6	/	/
124	2.1	3.3	4.5	6	/
125	2	3.2	4.4	5.9	/
126	2	3.2	4.4	5.8	/
127	2	3.1	4.3	5.7	/
128	2	3.1	4.2	5.6	/
129	1.9	3	4.2	5.6	/
130	1.9	3	4.1	5.5	/
131	1.9	2.9	4	5.4	/
132	1.8	2.9	4	5.3	/
133	1.8	2.8	3.9	5.3	/
134	1.8	2.8	3.9	5.2	/
135	1.7	2.8	3.8	5.1	/
136	1.7	2.7	3.8	5	/
137	1.7	2.7	3.7	5	/
138	1.6	2.7	3.7	4.9	/
139	1.6	2.6	3.6	4.8	/
140	1.6	2.6	3.6	4.8	6
141	/	2.6	3.5	4.7	5.9
142	/	/	3.5	4.6	5.8
143	/	/	3.4	4.6	5.7
144	/	/	3.4	4.5	5.7

续表 2-20-3

心率 (次/min)	相应负荷时最大摄氧量(L/min)				
	300kg·m/min	600kg·m/min	900kg·m/min	1200kg·m/min	1500kg·m/min
145	/	/	3.4	4.5	5.6
146	/	/	3.3	4.5	5.6
147	/	/	3.3	4.4	5.5
148	/	2.4	3.2	4.3	5.4
149	/	2.3	3.2	4.3	5.4
150	/	2.3	3.2	4.3	5.3
151	/	2.3	3.2	4.3	5.2
152	/	2.3	3.1	4.1	5.2
153	/	2.2	3	4.1	5.1
154	/	2.2	3	4	5.1
155	/	2.2	3	4	5
156	/	2.2	2.9	4	5
157	/	2.1	2.9	3.9	4.9
158	/	2.1	2.9	3.9	4.9
159	/	2.1	2.8	3.8	4.8
160	/	2.1	2.8	3.8	4.8
161	/	2	2.8	3.7	4.7
162	/	2	2.8	3.7	4.6
163	/	2	2.8	3.7	4.6
164	/	2	2.7	3.6	4.5
165	/	2	2.7	3.6	4.5
166	/	1.9	2.7	3.6	4.5
167	/	1.9	2.6	3.5	4.4
168	/	1.9	2.6	3.5	4.4
169	/	1.9	2.6	3.5	4.3
170	/	1.8	2.6	3.4	4.3

表 2-20-4　女性最大摄氧量推算表

心率 (次/min)	相应负荷时最大摄氧量(L/min)				
	300kg·m/min	600kg·m/min	900kg·m/min	1200kg·m/min	1500kg·m/min
120	2.6	3.4	4.1	4.8	/
121	2.5	3.3	4.0	4.8	/
122	2.5	3.2	3.9	4.7	/
123	2.4	3.1	3.9	4.6	/
124	2.4	3.1	3.8	4.5	/
125	2.3	3.0	3.7	4.4	/
126	2.3	3.0	3.6	4.3	/
127	2.2	2.9	3.5	4.2	/
128	2.2	2.8	3.5	4.2	/
129	2.2	2.8	3.4	4.1	/
130	2.1	2.7	3.4	4.0	/
131	2.1	2.7	3.4	4.0	/
132	2.0	2.7	3.3	3.9	/
133	2.0	2.6	3.2	3.8	/
134	2.0	2.6	3.2	3.8	/
135	2.0	2.6	3.1	3.7	/
136	1.9	2.5	3.1	3.6	/
137	1.9	2.4	3.0	3.6	/
138	1.8	2.4	3.0	3.5	/
139	1.8	2.4	2.9	3.5	/
140	1.8	2.4	2.8	3.4	/
141	1.8	2.3	2.8	3.4	/
142	1.8	2.3	2.8	3.3	/
143	1.7	2.2	2.7	3.3	/
144	1.7	2.2	2.7	3.2	/

续表 2-20-4

心率 (次/min)	相应负荷时最大摄氧量(L/min)				
	300kg·m/min	600kg·m/min	900kg·m/min	1200kg·m/min	1500kg·m/min
145	1.6	2.2	2.7	3.2	/
146	1.6	2.2	2.6	3.2	/
147	1.6	2.1	2.6	3.1	/
148	1.6	2.1	2.6	3.1	3.6
149	/	2.1	2.6	3.0	3.5
150	/	2.0	2.5	3.0	3.4
151	/	2.0	2.5	3.0	3.4
152	/	2.0	2.5	2.9	3.4
153	/	2.0	2.4	2.9	3.3
154	/	2.0	2.4	2.8	3.2
155	/	1.9	2.4	2.8	3.2
156	/	1.9	2.3	2.8	3.2
157	/	1.9	2.3	2.7	3.2
158	/	1.8	2.3	2.7	3.1
159	/	1.8	2.2	2.7	3.1
160	/	1.8	2.2	2.6	3.0
161	/	1.8	2.2	2.6	3.0
162	/	1.8	2.2	2.6	3.0
163	/	1.7	2.2	2.6	2.9
164	/	1.7	2.1	2.5	2.9
165	/	1.7	2.1	2.5	2.9
166	/	1.7	2.1	2.5	2.9
167	/	1.6	2.1	2.4	2.8
168	/	1.6	2.0	2.4	2.8
169	/	1.6	2.0	2.4	2.8
170	/	1.6	2.0	2.4	2.7

表 2-20-5 最大有氧工作能力分级表

性别	年龄（岁）	单位	最大有氧工作能力分级				
			低	较低	中等	高	很高
女性	20~29	L/min	≤1.69	1.70~1.99	2.00~2.49	2.50~2.79	≥2.80
		mL/(kg·min)	≤28	29~34	35~43	44~48	≥49
	30~39	L/min	≤1.59	1.60~1.89	1.90~2.39	2.40~2.69	≥2.70
		mL/(kg·min)	≤27	28~33	34~41	42~47	≥48
	40~49	L/min	≤1.49	1.50~1.79	1.80~2.29	2.30~2.59	≥2.60
		mL/(kg·min)	≤20	20~28	29~36	37~45	≥46
男性	20~29	L/min	≤2.79	2.80~3.09	3.10~3.69	3.70~3.99	≥4.0
		mL/(kg·min)	≤38	39~40	44~51	52~56	≥57
	30~39	L/min	≤2.49	2.50~2.79	2.80~3.39	3.40~3.69	≥3.70
		mL/(kg·min)	≤34	35~39	40~47	48~51	≥52
	40~49	L/min	≤2.19	2.20~2.49	2.50~3.09	3.10~3.39	≥3.40
		mL/(kg·min)	≤28	29~34	35~43	44~47	≥48
	50~59	L/min	≤1.89	1.90~2.19	2.20~2.79	2.80~3.09	≥3.10
		mL/(kg·min)	≤25	26~31	32~39	40~43	≥44
	60~69	L/min	≤1.59	1.60~1.89	1.90~2.49	2.50~2.79	≥2.80
		mL/(kg·min)	≤21	22~26	27~35	36~39	≥40

表 2-20-6 推测最大摄氧量的年龄修正系数

年龄（岁）	年龄修正系数
15	1.10
25	1.00
35	0.87
40	0.83
45	0.78
50	0.75

续表 2-20-6

年龄(岁)	年龄修正系数
55	0.71
60	0.68
65	0.65

实验二十一　低氧环境对氧运输系统和运动能力的影响

【目的】

(1)观察并分析低氧环境对氧运输系统和运动能力的影响。
(2)掌握在人工低氧环境中运动生理生化指标的测试方法。

【要求】

(1)3~5人为一组制定一套实验方案。
(2)确定运动方式,选择不同实验对象、运动方案和测试指标。
(3)选用不同低氧水平与设备、运动时间,经预实验后进行答辩,然后进行正式实验。根据实验结果,书写实验报告。

【原理】

低氧仪是通过降低空气中氧的容积百分比从而获得额定低氧混合气体的一种仪器,具有高效能的膜性组件,通过先进的膜分离法原理对空气中的氧含量进行调节,受试者可根据自身的要求,在氧的百分比10%~20%的范围内任意选择所需氧分压的参数。借助受氧分压的气体,造成体内适度缺氧,并在此低氧环境中让受试者进行一定负荷的运动训练,通过对其生理指标的检测来评定低氧环境对其氧运输系统及运动能力的影响。

【器材与药品】

自行车功量计或跑台、呼吸面罩、人工低氧系统、低氧仪、心肺功能测试系统、肌力测试仪器、三通活栓、多氏袋、气量计、心率遥测仪、血压计、听诊器、秒表、75％(体积分数)乙醇、棉球等。

【参考方案】

1. 常压状态时的生理学指标测定

(1)安装心率遥测仪。
(2)准备活动：受试者蹬自行车功量计(或跑台)，按功率50W，运动3min。
(3)疲劳实验：准备活动后休息1min，然后按规定的逐级递增负荷连续进行运动，男性从150W开始，女性从100W开始，每3min递增50W，直到筋疲力尽跟不上测功器的转速为止。记录运动过程中的最大心率和力竭时间。
(4)运动后即刻测定受试者心率、血压、呼吸频率、呼吸深度等指标。

2. 低氧状态时生理学指标测定

(1)为受试者戴上呼吸面罩和心率传感器，开启低氧仪并接通呼吸面罩，将低氧仪的氧分压值调节到10％～16％范围内，氧气浓度可依据实验需要设定。
(2)做与正常气压状态下相同的运动实验，直到力竭，记录低氧运动最大心率和力竭时间。
(3)运动后即刻测定受试者心率、血压、呼吸频率、呼吸深度等指标，与正常气压状态下的生理指标作对比，来评价低氧环境对运动能力及心肺功能的影响。

【要点与难点】

(1)低氧仪氧分压浓度的大小可根据实验需要进行选择，一般选择的低氧范围最大是10％～20％之间。

(2)低氧刺激的时间不能太短,否则机体接受低氧刺激的强度不足,对运动训练无明显适应性反应。

实验二十二　高温条件下运动生理反应的检查

高温条件下运动生理反应的检查一般包括体温、皮温、呼吸、脉搏、血压、视(听)觉-运动反应时、水盐代谢及能量代谢等。检查项目和测定时间依调查目的而定,一般可于运动前安静状态下测一次。运动结束,立即测一次,以后每隔5～10min测一次,直至基本恢复到运动前水平止。运动前和运动后恢复期指标的测定可在运动员休息地点进行。有条件时,最好采用生理遥测仪,直接测定运动过程中的生理反应。

一、体温的测量

一般用水银体温计测定舌下温,每次测定时间为3～5min。正常情况下,成人的体温(舌下温)为36.5～37℃。测量舌下温的前半小时勿进饮食,以免影响测定结果。测定时,应注意避免高气温和热辐射对体温计的影响。对于活动范围不大的人,可用sT-I型数字体温计连续监测舌下温(该仪器尚配有食道温、肛温和皮温测头)。

二、皮温的测量

可用半导体点温计、热电偶温度计和数字体温计在短时间内测定多点皮温。通常测定额(两眉弓之间)、胸(胸骨柄上端)、背(两肩胛骨之间)、手背(大拇指与示指之间)、小腿(胫骨前中外侧)、脚背(踝关节正中)6点。如皮肤有汗,可用纱布轻轻抹去,并避免高气温和热。要求在1～2min内测完6点,按下式计算平均皮温。

$$平均皮温 = 0.07 \times 额温 + 0.25 \times 胸温 + 0.25 \times 背温 + 0.10 \times 手温 + 0.25 \times 腿温 + 0.08 \times 脚背温 \quad (2\text{-}22\text{-}1)$$

如测定点数不同,其计算平均皮温公式中所用系数也相应要改变。在正常情况下,健康成人的平均皮温为 30.5～32.0℃。

半导体点温计是由半导体热变电阻器制成,该电阻随温度上升而减小,故仪器表头标尺按电阻大小以温度度数分度。本仪器测量范围 0～50℃,最小分度值为 0.2～0.5℃。使用前开关应置"关"处,机械调整电表,指针与起点刻度线重合(0℃处),然后将开关转到"满"处,用"粗调""细调"电位器调整,使指针与满刻度线重合(50℃处),再从"满"处转到"测"处,使测头良好地接触被测部位,此时电表指针迅速移动,待稳定后即得被测部位的温度。测量完毕,立即将开关转至"关"处。

三、脉搏的测量

运动时心率的变化及其恢复到运动前水平所需时间,对于评价机体的生理应激反应有重要意义。条件受限时,可以脉搏表示心率,因为健康者每分钟脉搏次数与心率是一致的。一般用手指触摸被测者的桡动脉,计数 1min,取 2 次平均值。由于脉搏或心率恢复很快,欲反映运动时的心率,只能运动完毕迅速触摸计数 15s 的脉搏数,换算为 1min 的脉搏数。目前,心率自动测定可采用手表式的测试器,便于现场使用。还有长时程心电记录仪,除心率外还可分析心电的变化,缺点是价格昂贵。国内目前也在研制生产心率测定仪器。

四、血压的测量

用台式水银血压计或其他血压计在相同姿势下测量同一手臂肱动脉血压。

五、尿盐含量的测定

用原子吸收光谱或离子选择电极法测定尿中钠、钾、氯离子浓度,再计算尿中盐的含量(g/L)。

六、主观感觉的询问

主要询问被测者的热感、不适感或疲劳感,并做好记录。

实验二十三 儿童少年生长发育的调查与评价

【教学目标】

通过全面、系统地学习儿童少年生长发育状况调查与评价的基本方法,加深对生长发育基本理论的理解,逐步培养运用理论知识,分析与处理实际问题的专业基本技能。

【基本理论】

通过对个体或群体儿童少年生长发育状况进行观察和测量,了解个体或群体儿童现阶段的生长发育水平,是否有发育异常的可能,以及今后的发展趋势等,并为进一步研究儿童少年生长发育规律和各种内、外影响因素,提出相应的卫生要求和保健措施提供科学依据。因此,掌握儿童少年生长发育调查与评价的基本内容与方法,是少儿卫生工作者的基本技能。

【训练一】

生长发育调查

1. 生长发育调查设计

1)目的

掌握生长发育调查的基本内容、方法和要求。能根据调查目的与内容,初步制定出调查设计方案。

2)基本内容

(1)对象确定与选择:应根据调查目的与要求,确定调查的对象(总体)。选择恰当的抽样方法,选定合适的样本,并注意样本的代表性。

(2)调查内容与指标:又称调查的具体项目,是反映或说明研究目的的标志,通过对指标中的各种数据的分析,以得到研究结果。在选择调查项目内容时,应根据调查目的、预期结果,注意指标的客观性、关联性、准确性与稳定性、特异性与灵敏性,可行性等。

(3)调查方法与仪器:根据调查内容,选择适宜的调查方法,包括具体实施或操作方法、程序或步骤等,并注意调查的时间。

(4)质量控制与数据检验:现场调查过程中质量控制的方法与内容;调查结果数据准确性与可靠性的检验方法(统计设计);是否需要进行预调查。

(5)调查问卷设计:调查问卷结构、内容、项目(指标)、形式,以及设计的基本要求等。

3)调查设计练习

为了解某地学龄儿童少年生长发育水平,重点评价其营养状况,就此做一个简要的调查设计方案。

2. 生长发育测量

生长发育测量是了解儿童少年身体结构形态与机能特征,研究生长发育规律和儿童少年健康监测的基本手段。

1)目的

掌握生长发育常用指标的正确测量方法。测量方法只有在被测者姿势、测量基准面和其他测量条件符合要求的前提下有效。正确测量应达到以下要求:①被测者姿势正确;②被测者测量部位(测量点)正确;③测量方法(程序及手法)正确;④测量仪器准确,必须经过校准;⑤测量时间、记录方法等正确。一般要求统一的测量时间和记录方法。

2)内容

(1)形态发育指标。

身高:是从头顶点到地面的垂直距离。身高是反映生长发育特征最具有代表性的指标,也是评价生长发育的水平和速度最重要的指标。目前常用的是身高坐高计,它有一个长 2m 的立柱,垂直固定于方形底台上,立柱左侧有刻度;立杠上装有可移动的滑测板,滑测板与底台平行,与立柱垂直;在 40cm 高处装有可以翻开的测坐高用的活动坐板。3 岁以前婴幼儿,常用卧式身长计。测量时,被测者应保持足跟、骨部(臀部)、肩胛间脊柱(背部)3 点紧靠立柱,头部保持眼耳水平面(即通左右耳屏点和右眼眶下点的水平面,又称 Frankfurt 平面)。测量误差不得超过±0.5cm。

坐高:是从头顶点至椅面的垂直距离。它可反映机体躯干的发育情况,与身高相比较能说明躯干和下肢的比例关系。测量仪器同身高坐高计。还有其座面高度能上下调节的升降式坐高计。测量时,被测者应保持低骨部(臀部)、肩胛脊柱(背部)2 点紧靠立柱,头部使眼耳在同一水平面。同时,双足自然平放于地面或垫板上,膝关节弯曲,使大腿与地面平行并与小腿呈 90°。

体重:指人体的总质量。在一定程度上反映儿童的营养状况及骨骼肌肉的发育情况。通用杠杆式体重秤。使用前要校正(如检查校正零点、准确度和灵敏度等)。仪器误差为±0.1%。测量时,要求被测者脱鞋,脱衣只着短内裤(女性可戴胸罩)。测量误差不超过±0.1kg。

胸围:是经过乳头点或胸中点的胸部水平围度,也称胸中围。它表示胸腔的容积,胸背部肌肉的发育及其皮下脂肪的蓄积状况,一定程度上可反映呼吸器官的发育程度。胸围通常使用带毫米刻度的柔软带尺测量。使用前应用标准钢尺校正,胸围尺误差不得超过±0.2%。测量时,被测者自然站立,双手下垂。测量者立于被测者的正前方,将胸围尺置于背侧左右肩胛下角下沿,沿胸两侧至前面乳头的中心点测量。对于乳腺已发育的女性,前面则以胸中点(乳头上方第四肋骨处)为测量点。在被测者平静呼吸的呼气之末读数记录。令被测者做最大深吸气,在吸气末时可测其吸气胸围;令其作最大深呼气,在呼气末时可测其呼气胸围。二者相减为呼吸差。胸围测试误差不得超过±1cm。

上臂围:在研究发育营养状态和训练程度时常测量。被测者先用力屈曲肘关节,在肱二头肌最隆起处测量,该数值为上臂紧张围,然后放松上臂,自然下垂,仍在原处测量,为上臂放松围(即上臂围)。

肩宽与骨盆宽:前者指左右肩峰点(肩峰外侧缘中点)之间的直线距离,后者指左右髂嵴点(髂崎外缘骨盆最外侧点)之间的直线距离。它们是反映人体体型变化特征(尤其在青春期)的发育指标。常用马尔丁测径规。被测者取立姿,测量者站在被测者的正后方,用测径规测量上述两点间的水平宽度。测试误差不超过±0.5cm。

足长与足高:前者指足跟后缘至最长趾端的直线距离,而后者指胫内上缘(足弓最高点)至足掌面的垂直距离。被测者站立,右脚抬起,屈膝,将足踩于测量尺底座板上,足跟后缘紧贴测量尺的固定挡板端,移动尺的水平滑板至最长趾端,测得足长;移动尺的垂直滑板,测得足高。由此,可计算出个体儿童的足弓指数,足弓指数=足高/足长×100%。

皮褶厚度:不仅可了解皮下脂肪的厚度,判断人体胖瘦状况,还可用以推算全身体脂含量,评价人体成分,以及判断儿童的营养状况。用皮褶厚度计测量(图 2-23-1)皮褶厚度。使用前应调整零点,校正压力,使仪器测臂钳的两个接触点间的压力调至国际规定的 $10g/mm^2$ 的范围内。测量方法:右手持皮褶厚度计,将游标移至标尺左端的极限位置;左手拇指和示指将测试部皮肤、皮下组织捏住提起,注意使其与肌肉分离开;将皮裙厚度计测量头钳在手指捏起的部位旁,加压至加压把的刻线与尺柄的刻线刚好对正为止;松开把柄,取下皮褶计,读数。每个部位应测 2~3 次,取平均值。测试误差不得超过±5%。常用的测试部位:上臂部有 2 个检测点,肱三头肌肌腹部肩峰点与桡骨点连线的中点,肱二头肌肌腹部(肱骨头至肘横纹连线的中点);背部有 1 个监测点,右肩胛下角之下 1cm 处;腹部有 1 个监测点,右腹部脐旁 1cm 处。

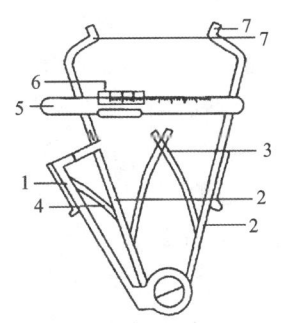

1.加压把;2.尺柄;3.弹簧;4.压力簧;
5.标尺;6.游标;7.测量头。

图 2-23-1　VPJ-3 型游标皮褶厚度计

(2)机能发育指标。

肺活量:是在 1 次尽力深吸气后,能够呼出的最大气量。在一定程度上能反映呼吸肌及呼吸器官的发育状况。肺活量计用前要校正,首先检查有无漏气、漏水,然后盛满与室温大致相同的清洁水至标志线。校正时,用带有准确刻度的量瓶或气量计(最小刻度 20mL 以下)连接于肺活量计的吹嘴橡皮管上(不得漏气),按 1000mL、2000mL、3000mL、4000mL、5000mL 顺序导入空气,记录肺活量计上的读数,反复 3 次,求平均值,再计算其差值,其误差在±50mL 内为准确。以湿式筒型肺活量计为例,测量时令被试者取站立位,尽力深吸气,将吹口严密扣在嘴上,然后向吹嘴内以中等速度尽力呼出,直到不能再呼出为止。此时,应立即关闭进气管的开关(或折叠橡皮管),待浮桶平稳再进行读数。每人测 3 次,取最大值。注意事项:肺活量计应在测量前 1 天灌水(或备 1 桶净水),以使水温与室温基本一致;每次测量前应检查刻度是否放到"0",测试后应将内筒的空气放出；应注意被测者吸气和呼气是否充分,吹气时有无漏气或进行第二次吸气,允许弯腰吹气;每测1人要消毒或更换吹嘴;如用不带温度校正装置的肺活量计时,其结果应换算成37℃的气积。

握力：是反映肌肉系统发育情况的重要指标之一。常见有圆盘式蹬型握力计及椭圆形钢圈握力计,这2种握力计以前者较好,因为它可以调节内外蹬的距离,以适应被测者手的大小,调整握距。测量前先调整握距,并将握力计指针拨至零点。被测者取站立姿势,持握力计的手自然伸向侧方与身体约呈30°。握力计指针向外,用最大力量紧握至不能再用力为止。如此左右手各测3次,各取最大值记录。注意测握力时不可用冲力,亦不可把手臂靠在腰部或其他物件上。

背肌力：也是反映肌肉系统发育情况的指标之一。用背力计测背肌力。被测者应预先进行腰部活动,然后双足踏在脚踏板上,两臂及两腿伸直,躯干前倾弯腰约30°,握柄的高度调节到膝盖水平,双手握紧握柄,用最大的力量向上牵拉至不能再用力时读数。测3次,取最大值。注意事项：牵拉时应逐渐伸展腰部,不能过快、过猛,以免扭伤腰部;患腰背痛、脊椎疾患、疝气及女子月经期禁测此项。

3) 复习思考题

(1) 最基本的生长发育调查方法有哪些？它们有哪些用途及优缺点？

(2) 常用的生长发育测量指标有哪些？并请说明其正确测量方法的要点。

4) 实习报告

(1) 记录本人生长发育常用测量指标的测查结果,并注明性别、出生年月。

(2) 简要制定"某地学龄儿童营养状况调查研究"调查设计方案。

【训练二】

生长发育评价

1. 目的

掌握常用的生长发育的评价方法。

2. 评价标准

生长发育评价标准,是评价个体和群体儿童生长发育状况的统一尺度。由于评价的目的不同,选用的评价标准也不同。制定标准的方法可用均值标准差法和百分位数法等。一般作为评价的"标准"都是相对的、暂时的,它们只适用于一定的地区和人群,而且因受生长长期变化的影响,应每5~10年更新一次。因此,任何一项生长发育评价标准都不是绝对的,其实质是评价参考值。

3. 评价内容

生长发育评价内容包括生长发育水平(包括营养状况)、速度(包括趋势)和匀称度(各项指标之间的相互关系)。评价对象可以是个体,也可以是群体。

4. 评价方法

1)个体儿童生长发育的评价

个体发育的评价一般包括发育水平、发育速度(动态)和发育匀称度等方面。所用"标准"的制作原理有均值和标准差、百分位数、相关回归等。

(1)指数法:是根据人体各部之间的比例关系,借助数学公式编成指数,以了解个体儿童生长发育状况的一种评价方法。身体指数一般能反映个体发育的3个方面:①营养状况;②体型特征;③机能状况。

(2)等级评价法:主要用于评价个体儿童生长发育的水平。以均数(或P_{50})为基准值,以标准差(或P_X)为离散距,制成生长发育评价标准,一般分为五等级(表 2-23-1)。

表 2-23-1　生长发育五等级评价标准

等级	标准差法	百分位数法*
上等	$>\overline{X}+2S$	$>P_{97}$
中上等	$\overline{X}+S\sim\overline{X}+2S$	$P_{97}\sim P_{75}$
中等	$\overline{X}-S\sim\overline{X}+S$	$P_{75}\sim P_{25}$
中下等	$\overline{X}-2S\sim\overline{X}-S$	$P_{25}\sim P_{3}$
下等	$<\overline{X}-2S$	$<P_{3}$

注:* 亦有按"上等$>P_{90}$,下等$<P_{10}$"分类。

评价时,将个体各项发育指标的实测值与当地发育标准中同年龄、同性别相应指标的均数和标准差(或百分位数)作比较,即可评定其等级。

(3)曲线图法标准:也是根据离差法原理,将作为标准的 $\overline{X}$、$\overline{X}\pm S$、$\overline{X}\pm 2S$(或百分位数 P_{90}、P_{75}、P_{50}、P_{25}、P_{10}),按年龄分别标在坐标纸上,连成五条曲线,制成不同性别、某项发育指标的标准曲线。一种性别一个指标一张标准曲线图(注意:$\overline{X}$ 是代表整个年龄组范围的均数,所以绘制曲线时应标在该年龄组范围中间的横坐标上)。评价时,将个体儿童的实测值按年龄标在同性别、相应指标的标准曲线图上,根据其位置即可评定发育等级(水平)。如果将不同时期该儿童的实测值逐一标在图上,还可观察其发育动态变化。

(4)体型图法标准:在一张图上分别列有几项指标 $\overline{X}$、$\pm 1S$、$\pm 2S$(同时标有其绝对值),男女分开,每个年龄组一张(图 2-23-2)。

	$-3S$	$-2S$	$-S$	$\overline{X}$	$+S$	$+2S$	$+3S$
身高							
坐高							
体重							
胸围							

图 2-23-2　个体发育体型图(标准)

将同年龄,同性别个体儿童身高、体重、胸围等发育指标的实测值直接点在相应点上,并将各相邻点连成线,即成一体型图。它既能分别评价个体儿童各项指标的发育等级水平(同等级评价法),还能粗略反映各项指标间的关系,即以身高值为中心,结合体重、胸围值等指标在体型图上的位置,评价其发育的匀称程度。

(5)相关回归法:此法以离差法为基础,评价个体儿童身高发育水平。同时又以身高为自变量,体重或胸围为因变量计算回归方程,求得相应身高的体重或胸围的理论值和回归标准差,制成回归评价表(或回归评价图),以评价身体发育的匀称程度。最后根据身高的等级和匀称程度,对身体发育作出综合评价。

评价步骤:①首先找到与被评价者性别、年龄相对应的评价"标准"——回归评价表(表 2-23-2)。②根据身高实测值确定身高的发育等级。③将体重和胸围的实测值,与回归评价表内该身高值相应的估计体重值和估计胸围值作比较,确定身体发育的匀称程度,即计算 R 值。以身高与体重为例:$R = (Y-\hat{Y})/S_{XY}$。$|R|<1$,匀称;$|R|\geq 1$,不匀称,$R>1$ 趋于粗壮,$R<-1$ 趋于细长。④最后,根

据身高等级和身体匀称程度,对身体发育作出综合评价。一般采用"五等级发育评价标准"(表2-23-3)。

表2-23-2 回归评价表

身高等级(1)	身高(cm)(2)	体重(kg)(3)	胸围(cm)(4)
下等<$\overline{X}-2S$	108	16.05	53.98
	109	16.46	54.25
	110	16.87	54.52
	111	17.28	54.79
	112	17.69	55.06
	113	18.10	55.33
$\overline{X}-2S<$ 中下等<$\overline{X}-S$	114	18.51	55.60
	115	18.92	55.87
	116	19.33	56.14
	117	19.74	56.41
	118	20.15	56.68
$\overline{X}-S<$ 中等<$\overline{X}+S$	119	20.56	56.95
	120	20.97	57.22
	121	21.38	57.49
	122	21.79	57.76
	123	22.20	58.03
	124	22.61	58.30
	125	23.02	58.57
	126	23.43	58.84
	127	23.84	59.11
	128	24.25	59.38
	129	24.66	59.65

续表 2-23-2

身高等级(1)	身高(cm)(2)	体重(kg)(3)	胸围(cm)(4)
$\overline{X}+S<$ 中上等$<\overline{X}+2S$	130	25.07	59.92
	131	25.48	60.19
	132	25.89	60.46
	133	26.30	60.73
	134	26.71	61.00
上等$>\overline{X}+2S$	135	27.12	61.27
	136	27.53	61.54
	137	27.94	61.81
	138	28.35	62.08
	139	28.76	62.35
	140	29.17	62.62

注：$\overline{X}=124.0, \hat{Y}=0.41X-28.23, \hat{Z}=0.27X+24.82, S_{XY}=1.56, S_{XZ}=2.12$。

表 2-23-3 五等级发育评价标准

评价	条件	
良好	1.身高上等,体形粗壮	2.身高上等,体形匀称
较好	1.身高中上等,体形粗壮	2.身高中上等,体形匀称
	4.身高上等,体形细长	3.身高中等,体形粗壮
一般	1.身高中等,体形匀称	2.身高中下等,体形粗壮
	3.身高中下等,体形匀称	4.身高中上等,体形细长
较差	1.身高下等,体形粗壮	2.身高下等,体形匀称
	4.身高中等,体形细长	3.身高中下等,体形细长
落后	1.身高下等,体形细长	2.凡体重,胸围显著落后于相应身高（即 $R<-2$ 以下者）

(6)生长速度评价法:是评价儿童生长发育速度及其变动规律的主要方法,通常用"身高速度标准",通过计算不同性别儿童身高的年增长值和年增长率来进行评价。为缩小各年增长率之间差异,以便反映出增长速度的变化规律,绘出曲线图,常应用二项二次平均法对年增长率进行修匀:修匀值$(b') = (a + 2b + c)/4$。例如:某一男生13~17岁体重值如表2-23-4所示。

表2-23-4 某一男生13~17岁体重值

年龄	体重(kg)	年增长值(kg)	年增长率(%)	修匀率(%)
13	35.41	5.30	14.96	
14	40.71	4.51	11.08	11.53
15	45.22	4.06	8.98	8.50
16	49.28	2.44	4.95	
17	51.72			

(7)营养状况评价——身高标准体重法:特点是在某一发育阶段中,它不考虑年龄、性别、种族等差异,在同等身高的情况下比较个体的体重大小,据此反映儿童现时营养状况,在营养不良和肥胖儿童的筛选过程中比较常用。标准:依据全国学生体质与健康调查研究的大样本调查结果制定。根据WHO(世界卫生组织)推荐,并以当时儿童的实际体重状况,以同等身高的第80百分位数作为"100%标准体重"。以此为基准,凡个体的体重:<70%标准体重者,为中度营养不良;<80%标准体重者,为轻度营养不良;<90%标准体重者,为低体重;90%~110%标准体重者,为营养状况正常;>110%标准体重者,为超重;>120%标准体重者,为肥胖。本方法按生长发育的阶段规律,将标准划分为5个年龄阶段,各使用一张表。年龄阶段为:①男7~14岁,女7~12岁(表2-23-5);②男15岁,女13岁;③男16岁,女14岁;④男17岁,女15岁;⑤男18~22岁,女16~22岁。

表 2-23-5　7～14岁男生和 7～12岁女生身高标准体重　　　　　单位:kg

身高(cm)	标准体重	标准体重的百分比				
		70%	80%	90%	110%	120%
107	17.7	12.4	14.2	15.9	19.5	21.2
108	17.9	12.5	14.3	16.1	19.7	21.5
109	18.3	12.8	14.6	16.5	20.1	22.0
110	18.5	13.0	14.8	16.7	20.4	22.2
111	18.8	13.2	15.0	16.9	20.7	22.6
112	19.4	13.6	15.5	17.5	21.3	23.3
113	19.6	13.7	15.7	17.6	21.6	23.5
114	19.9	13.9	15.9	17.9	21.9	23.9
115	20.4	14.3	16.3	18.4	22.4	24.5
116	20.6	14.4	16.5	18.5	22.7	24.7
117	21.1	14.8	16.9	19.0	23.2	25.3
118	21.4	15.0	17.1	19.3	23.5	25.7
119	21.9	15.3	17.5	19.7	24.1	26.3
120	22.4	15.7	17.9	20.0	24.6	26.9
121	22.7	15.9	18.2	20.4	25.0	27.2
122	23.2	16.2	18.6	20.9	25.5	27.8
123	23.6	16.5	18.9	21.2	26.0	28.3
124	24.2	16.9	19.4	21.8	26.7	29.0
125	24.6	17.2	19.7	22.1	27.1	29.5
126	25.0	17.5	20.0	22.5	27.5	30.0
127	25.4	17.8	20.0	22.9	27.9	30.5
128	26.0	18.2	20.8	23.4	28.6	31.2
129	26.5	18.6	21.2	23.9	29.2	31.8
130	27.0	18.9	21.6	24.3	29.7	32.4
131	27.7	19.4	22.2	24.9	30.5	33.2

续表 2-23-5

身高(cm)	标准体重	标准体重的百分比				
		70%	80%	90%	110%	120%
132	28.1	19.7	22.5	25.3	30.9	33.7
133	28.5	20.0	22.8	25.7	31.4	34.2
134	29.6	20.4	23.4	26.3	32.1	35.0
135	29.9	20.9	23.9	26.9	32.9	35.9
136	30.3	21.2	24.2	27.3	33.3	36.4
137	31.1	21.8	24.9	28.0	34.2	37.3
138	31.9	22.3	25.5	28.7	35.1	38.3
139	32.5	22.8	26.0	29.3	35.8	39.0
140	33.0	23.1	26.4	29.7	36.3	39.6
141	33.6	23.5	26.9	30.2	37.0	40.3
142	34.4	24.1	27.5	31.0	37.8	41.3
143	35.1	24.6	28.1	31.6	38.6	42.1
144	35.6	24.9	28.5	32.0	39.2	42.7
145	36.4	25.5	29.1	32.8	40.0	43.7
146	36.9	25.8	29.5	33.2	40.6	44.3
147	38.0	26.6	30.4	34.2	41.8	45.6
148	38.8	27.2	31.0	34.9	41.7	46.6
149	39.6	27.7	31.7	35.6	43.6	47.5
150	40.4	28.3	32.3	36.4	44.4	48.5
151	41.4	29.0	33.1	37.3	45.5	49.7
152	42.3	29.6	33.8	38.1	46.5	50.8
153	43.0	30.1	34.4	38.7	47.3	51.6
154	43.8	30.7	35.0	39.4	48.2	52.6
155	44.8	31.4	35.8	40.3	49.3	53.8
156	45.6	31.9	36.5	41.0	50.2	54.7

续表 2-23-5

身高(cm)	标准体重	标准体重的百分比				
		70%	80%	90%	110%	120%
157	46.0	32.2	36.8	41.4	50.6	55.2
158	46.7	32.7	37.4	42.0	51.4	56.0
159	47.7	33.4	38.2	42.9	52.5	57.2
160	48.7	34.1	39.0	43.8	53.6	58.4
161	49.5	34.7	39.6	44.6	54.5	59.4
162	50.4	35.3	40.3	45.4	55.4	60.5
163	51.0	35.7	40.8	45.9	56.1	61.2
164	52.3	36.6	41.8	47.1	57.5	62.8
165	53.0	37.1	42.4	47.7	58.3	63.6
166	53.5	37.5	42.8	48.2	58.9	64.2
167	54.5	38.4	43.8	49.3	60.0	65.8
168	55.4	38.8	44.3	49.9	60.9	66.5

注：数据来源于1985年中国学生体质与健康研究。

2）群体儿童生长发育的评价

评价2个样本群体，或同一群体在不同时期的生长发育状况，评价方法有2种。

（1）平均数比较法：也称大集团评价，适用于不同地区，或同一地区不同时期儿童少年群体的生长发育状况比较。评价时，将甲地、乙地（或一地2次）测试的发育指标的均值，按坐标定位的方法，在同一张坐标纸上绘出两条均值曲线，比较2条曲线相差的高低和远近。横向比较可了解生长发育提前（或迟缓）的时间（年龄）；纵向比较能了解发育增长（或降低）量，由此能反映儿童少年生长的长期变化。如甲地均高于乙地，结论为甲地发育比乙地的好；若各年龄组比较结果不一致，则应按年龄组两均值进行 u 检验，并按年龄或年龄段分别评价。

（2）发育等级百分比比较法：在个体评价的基础上，可计算出两组儿童中各发育等级所占的百分比，并进行显著性检验。本方法适用于年龄、性别分布不等的同组资料在实验前后，或实验组与对照组之间的比较。

（3）年增长值和年增长率：见生长速度评价法。

5. 复习思考题

(1)好的评价方法应包括哪些内容?

(2)试比较各种生长发育评价方法的优缺点。

主要参考文献

陈宁,2017.常用手术器械图谱[M].2版.北京:科学出版社.
陈国元,刘烈刚,2016.预防医学实验教程[M].武汉:湖北科学技术出版社.
丁启龙,卢娜,2020.生理学实验与指导[M].北京:中国医药科技出版社.
郭建,杜联,2022.生理学实验[M].北京:人民卫生出版社.
胡志安,胡波,2013.生理学技术及实验指导[M].北京:高等教育出版社.
黄月娥,2020.卫生学实验指导[M].合肥:中国科学技术大学出版社.
黄绒,李晓栩,2022.高原生理学实验教程[M].北京:科学出版社.
陆建刚,赵云霞,许正文,2018.大气环境监测实验[M].北京:科学出版社.
乔德才,汤长发,邓树勋,2006.运动生理学实验[M].北京:高等教育出版社.
苏莉芬,2004.生理学实验指导[M].北京:人民军医出版社.
王庭槐,2004.生理学实验教程[M].北京:北京大学医学出版社.
王冰梅,张松江,杜联,2018.生理学实验指导[M].北京:清华大学出版社.
解景田,刘燕强,崔庚寅,2009.生理学实验[M].3版.北京:高等教育出版社.
张文昌,2007.预防医学基本技能训练实验教程[M].北京:人民卫生出版社.
GREGORY H,CHARLES D,2020.运动生理学实验及体能测试指导手册[M].赵芮,译.北京:人民邮电出版社.